高等职业教育"十二五"规划教材

汽车专业工作过程导向职业核心课程双证系列教材

人力资源和社会保障部职业技能鉴定中心组编

汽车车身涂装一体化项目教程

主　编　　谈　诚　　梁其续

副主编　　卢宜朗　　谢　明　　李支道

　　　　　李　冶　　关向文　　豆红波

主　审　　赵顺灵　　王长建

上海交通大学出版社

内 容 简 介

本书是根据汽车维修专业所面向的主要就业岗位调查,组织召开汽车维修工岗位工作任务分析研讨会,按照汽车维修行业喷漆工艺流程进行学习项目的编写,选取汽车车身喷涂、汽车车门喷涂(金属漆)、汽车保险杠喷涂(塑料件)、汽车发动机盖喷涂(水性漆)等典型工作任务,构建了"汽车车身涂装"课程。本书在9个典型工作任务引领下,学习汽车车身喷涂、操作过程、故障诊断与修复方法。重点强调按企业实际工作过程来培养学生的底材处理、中间涂层施涂、喷涂面漆、涂装常见缺陷诊断与排除等专业能力和职业核心能力。

本书可作为高职高专、技工院校、普通院校、远程教育和培训机构的汽车车身涂装教材,也可供广大汽车检修从业人员学习参考和职业鉴定前应试辅导。

为了方便老师教学及学生自学,本书配有多媒体课件,欢迎读者来函来电索取。

联系电话:(021)61675263;电子邮箱:shujun2008@gmail.com

图书在版编目(CIP)数据

汽车车身涂装一体化项目教程/谈诚,梁其续主编. —上海:
上海交通大学出版社,2012(2013 重印)
汽车专业工作过程导向职业核心课程双证系列教材
ISBN 978-7-313 – 07809- 4

Ⅰ.①汽… Ⅱ.①谈… ②梁… Ⅲ.①汽车—车体—涂漆—职业教育—教材 Ⅳ.①U472.44

中国版本图书馆 CIP 数据核字(2011)第 212807 号

汽车车身涂装一体化项目教程
谈 诚 梁其续主编
上海交通大学出版社出版发行
(上海市番禺路 951 号 邮政编码 200030)
电话:64071208 出版人:韩建民
上海交大印务有限公司 印刷 全国新华书店经销
开本:787mm×1092mm 1/16 印张:12.25 字数:299 千字
2012 年 1 月第 1 版 2013 年 9 月第 2 次印刷
ISBN 978 - 7 - 313 – 07809 - 4/U 定价:33.00 元

序

随着社会经济的高速发展和现代制造业的不断升级，我国对技能人才地位和作用的认识得到了空前的提高，技能人才的价值越来越得到认可。如何培养符合未来中国经济社会发展需要的技能人才也得到社会的广泛关注。

人力资源和社会保障部职业技能鉴定中心、中国就业培训技术指导中心担负着为我国就业和职业技能培训领域提供技术支持和技术服务的重要任务。在新的形势下，为各类技工院校、职业院校和培训机构提供技能人才培训、培养模式及方法等方面的技术指导尤为重要。在党中央国务院就业培训政策方针指引下，中心结合国情，开拓创新思路，探索培训方式，研究扩大就业，提供技术支持，为国家就业服务和职业培训鉴定事业的发展，提供了强有力的支撑。与此同时，中心不断深化理论研究，注重将理论转化为实践，成果也十分明显，由中心组编的"汽车专业工作过程导向职业核心课程双证系列教材"便是这种实践成果之一。

我国作为世界汽车生产和消费大国，汽车产业的快速发展和汽车消费的持续增长，为国民经济的增长产生了巨大拉动作用。近年来，我国汽车专业职业教育事业取得了长足发展，为汽车行业输送了大量的人才。随着汽车产业的迅猛发展，社会对汽车专业人才提出了更高的要求。进一步深化人才培养模式、课程体系和教学内容的改革，不断提高办学质量和教学水平，培养更多的适应新时代需要的具有创新能力的高技能、高素质人才，是汽车专业教育的当务之急。

作为汽车专业教育的重要环节，教材建设肩负着重要使命，新的形势要求教材建设适应新的教学要求。职业教育教材应针对学生自身特点，按照技能人才培养模式和培养目标，以应用性职业岗位需求为中心，以素质教育、创新教育为基础，以学生能力培养、技能实训为本位,使职业资格认证培训内容和教材内容有机衔接,全面构建适应 21 世纪人才培养需求的汽车类专业教材体系。

　　我热切地期待,本系列教材的出版将对职业教育汽车类专业人才的培养和教育教学改革工作起到积极的推动作用。

人力资源和社会保障部职业技能鉴定中心主任

中国就业培训技术指导中心主任

2011 年 5 月

目　录

课程整体设计

1. 课程内容的选取

本课程由 5 个教学项目,9 个典型工作任务构成,具体教学安排建议如下。

项　目　名　称	工　作　任　务	课时分配
汽车车门喷涂(金属漆)	金属件表面预处理	10
	金属件中间涂层涂装	30
	金属件喷涂面漆	10
汽车保险杠(塑料件)喷涂(单色)	塑料件表面预处理	10
	塑料件中间涂层涂装	30
	塑料件喷涂面漆	10
汽车发动机舱盖喷涂(水性漆)	水性漆的喷涂	10
新车制造过程的涂装	新车涂装的工艺过程	4
汽车漆施工常见之问题及对策	汽车漆施工常见之问题及对策	6

项目一是以汽车车门喷涂为主线,学习汽车车身(金属漆)喷涂工艺。

项目二是以汽车保险杠喷涂为主线,学习汽车车身(塑料件)喷涂工艺。

项目三是以汽车发动机舱盖喷涂为主线,学习汽车车身水性漆喷涂工艺。

项目四是拓展项目,了解新车涂装的工艺过程。

项目五是拓展项目,了解汽车漆施工常见问题及对策。

2. 课程教学目标定位

能描述汽车车身喷涂系统的工作原理、涂装的功能及涂装的作用。

能根据汽车车门损伤程度制订涂装计划,并熟练实施汽车车门喷涂作业。

会汽车保险杠(塑料件)喷涂,会分析热固性塑料和热塑性塑料;并能根据塑料结构特点,喷涂塑料件作业。

能正确使用常用工具、打磨设备(干磨机)、喷枪、烤漆房等设备,实施涂装作业。

会根据设备的结构原理,作日常维护、保养。

在学习或作业过程中严格执行 5S 现场管理及操作规范,能与其他学员团结协作,共同处理工作或学习过程中的一般问题。

了解环保水性漆等新材料的应用。

3. 课程教学资源要求

师资要求:具有中级或以上职称,或技师职业资格,或具有 3 年以上企业维修经验的一体教师任课。

实训资源:

实习场所名称	实习场所要求	设备序号	设 备 名 称	数量	设备功能/技术指标
汽车涂装实训室	面积:100m² 配电:380V/220V/12V 环保:符合 JY/T0380－2006 要求	1	压缩空气供气系统	1台	涂装实训室
		2	喷烤漆房	1台	涂装实训室
		3	红外线烤灯	3台	中间涂层烤干
		4	干磨机	3台	中间涂层打磨
		5	喷枪(底漆)	3把	底漆喷涂
		6	喷枪(面漆)	3把	面漆喷涂
		7	油漆搅拌机	1台	调漆实训室
		8	计算机	1台	调漆实训室
		9	电子称	1台	调漆实训室
		10	色卡	1套	调漆实训室
		11	抛光机	3台	抛光实训
		12	车门	3个	实习用车门
		13	多媒体教学系统	1套	辅助教学

4. 项目设置与项目能力培养目标分解

序号	项目名称	工作任务	能力(知识、技能、职业素养)目标	课时分配
1	汽车车门喷涂	金属件表面预处理	(1) 收集汽车涂装操作规范相关信息,制订汽车底材预处理操作计划 (2) 能描述构件底材预处理的作用,制订底材处理操作计划 (3) 能根据构件漆膜的损伤情况运用(目测法、触摸法、直尺测量法)作出正确的评估 (4) 能根据构件评估的结果采用手工、机械等方法清除旧漆 (5) 能掌握喷枪的操作、日常维护 (6) 能对空气压缩机及过滤器进行维护,实施日常维护作业	
		金属件中间涂层涂装	(1) 能描述构件中间涂层的操作过程,制订中间涂层的操作计划 (2) 能根据板材的特点,合理选用腻子 (3) 能掌握腻子的调和及施涂技巧 (4) 能掌握腻子的手工、机械打磨技巧 (5) 能正确使用烘干设备 (6) 能掌握喷枪的操作技能	
		金属件喷涂面漆	(1) 能讲述涂料的组成、分类及命名 (2) 会讲述颜色三要素和色彩三属性 (3) 会调配各种颜色漆(单色漆、银粉漆、珍珠漆)等操作 (4) 能掌握面漆喷涂(施工前、施工后)的工艺流程及操作步骤 (5) 会涂膜质量检测	
2	汽车保险杠(塑料件)喷涂	塑料件表面预处理	(1) 收集汽车用塑料件涂装操作规范相关信息,制订汽车用塑料件涂装操作计划 (2) 能描述塑料件表面预处理的作用,能正确操作表面处理 (3) 能根据塑料构件漆膜的损伤情况运用(目测法、触摸法、直尺测量法)作出正确的评估 (4) 能根据塑料构件评估的结果采用手工、机械等方法清除旧漆 (5) 会施涂塑料底漆	
		塑料件中间涂层涂装	(1) 能描述构件中间涂层的操作过程,制订中间涂层的操作计划 (2) 能根据塑料构件的特点,合理选用塑料腻子 (3) 能掌握腻子的调和及施涂技巧 (4) 能掌握腻子的手工、机械打磨技巧 (5) 能掌握喷枪的操作技能	
		塑料件喷涂面漆	(1) 会调配纯色漆等操作 (2) 能掌握面漆喷涂(施工前、施工后)的工艺流程及操作步骤 (3) 会涂膜质量检测	
3	汽车发动机舱盖喷涂(水性漆)	水性漆涂装	(1) 收集汽车涂装水性漆操作规范相关信息,制订汽车用水性漆涂装操作计划 (2) 熟悉水性漆相关知识 (3) 熟悉水性修补漆使用性能 (4) 会水性漆喷涂	

5. 课程考核方法

序号	考核项目	考核任务	考核方案	考核权重
1	汽车车门喷涂(金属漆)	金属件表面预处理	过程考核	10%
		金属件中间涂层涂装	过程考核	20%
		金属件喷涂面漆	过程考核	20%
2	汽车保险杠(塑料件)喷涂(单色)	塑料件表面预处理	过程考核	15%
		塑料件中间涂层涂装	过程考核	15%
		塑料件喷涂面漆	过程考核	10%
3	汽车发动机舱盖喷涂(水性漆)	水性漆喷涂	过程考核	10%
合　　计				100%

注：过程考核重点考核工作态度、工作结果及工作过程中起到的作用。

6. 课程教学建议

本课程是汽车专业必修的技术课程，是基于汽车车身喷涂工岗位工作任务分析而设置的项目课程。各项目之间为递进关系。本书的项目按工作过程系统化原则组织编写。即将项目工作流程"咨询—决策—计划—实施—检验—评估"与汽车维修行业的"维修接待—收集信息—制订维修方案—实施维修作业—维修质量检验—业务考核"相结合，确定了本书的编写思路。即"维修接待(或布置任务)—信息收集与处理—制订维修计划—实施维修作业—检验与评估"。

本书建议按工作流程系统化项目教学和任务驱动组织教学，以解决维修案例为主线，将汽车车门的结构、工作原理、故障诊断与检修方法等渗透到各项目或任务中，以完成项目任务展开学习，边学边做任务。通过项目训练，培养学生"从故障入手—分析故障—制订维修方案—实施检修作业—维修质量检验"等企业工作或学习的过程能力；实现做中学、学中做的一体化教学核心思想。要求全面实施任务驱动式的项目教学法。同时，建议创建汽车涂装工作站，模拟企业工作环境，从具体车辆典型故障案例入手，按维修接待—损伤程度评估—收集信息——制订维修计划——实施维修作业——维修质量检查等六个环节实施项目教学。在教学过程中，要求体现教师引导、学生训练为主的现代职业教育理念(职业活动行动导向教学法)，培养学生专业能力的同时全过程渗透职业核心能力训练。同时还潜移默化掌握了问题解决方法，培养学生工作过程能力。

笔记

项目一　汽车车门喷涂(金属件)

Description 项目描述	一辆轿车右车门事故损伤需钣金件修复和涂装作业,你是一名初学者,如何对待修车辆实施涂装作业
Objects 项目目标	知识目标：1. 收集汽车涂装操作规范相关信息,制订汽车涂装操作计划 技能目标：2. 能描述金属件表面预处理的工艺流程,能正确操作金属件表面预处理作业 职业素养：3. 能根据汽车涂装设备维护作业要求,实施日常维护作业
Tasks 项目任务	任务 1.1　金属件表面预处理 任务 1.2　金属件中间涂层涂装 任务 1.3　金属件喷涂面漆
Implementation 项目实施	客户报修 → 维修接待 收集信息 → 信息处理 制订计划 → 制订计划 故障排除 故障检验 → 实施维修 工作考核 → 检验评估

任务 1.1　汽车车门金属件表面预处理

任务描述	汽车车门经钣金件修复后需作涂装处理
任务目标	1. 能叙述涂装表面预处理工艺流程 2. 掌握清洗、损坏程度评估、清除旧漆、底漆施涂等操作工艺 3. 会调整喷枪和操作喷枪 4. 掌握空气供气系统和喷枪的日常维护 5. 正确完成车门金属件表面预处理工作

一、维修接待

汽车车身接车检查表如表 1-1-1 所示,维修工单如表 1-1-2 所示。按要求填写。

笔　记

表 1-1-1　汽车车身接车检查表

接车检查表/Service Advice at the Car							
日期/Date				型号/Model			
客户/Customer				车架号/Chassis No.			
电话/Telephone No.				牌照号/License No.			
首次登记日/First Reg. Date				里程/Mileage/km			
保养手册/Service Booklet □有/Yes □无/No				燃油/Fuel	空/E	1/2	满/F

内部检查/Inside check	合格 ok	不合格 not ok	需要检修 work required
仪表灯光/Display&Instrument lighting			
内部灯光/Interior lights			
信号系统(灯光,指示器,警告灯,喇叭) Signais（lights，indicators，hazzard，horn)			
转向/Steering			
手刹/Hand brake			
空调-鼓风机/Aircon.-Blower			
车辆及发动机检查/Vehicle & Engine check			
雨刷片/Wiper blades			
风档及车窗玻璃/Windows-glass			
空调滤芯/Microfilter			
冷却系统(防冻液)/Cooling system (Coolant)			
发动机油,转向助力油,制动液 Engine oil，Power steering&Brake fluid			
V 型皮带/V-belt/Poly V-belt			
可觉察的漏油漏水/Noticeable leaks			
动物损坏/Damage by animals			
年检/Annual Check/Emission test	有效期/due on:		
车辆检查(半举升)/Vehicle check (half-raised)			
减震器/Shock absorbers			
胎面/Tyre tread			
车辆检查(全举升)/Vehicle check (fully raised)			
发动机/变速箱泄漏 Engine & Gearbox：leaks			
前桥/Front axle			
前刹车盘片/Front brake pads/discs			
后桥漏油/Rear axle：leaks			
后刹车盘片/Rear brake pads/discs			
刹车油管/Brake lines/hoses			
排气系统/Exhaust system			
油箱/油管/Fuel tank & lines			

备注/Comments：_____
_____
_____
_____

车辆状况
Vehicle condition

轮胎花纹深度 mm
tread depth

轮胎花纹深度 mm
tread depth

轮胎花纹深度 mm
tread depth

轮胎花纹深度 mm
tread depth

用相应符号标注车辆状况
Mark sketch as appropriate with relevant symbol

✕ 飞石击痕/stone damage　　○ 凹痕/dents
△ 刮痕/dents scratches　　▨ 撞击损坏伤/colllsion damage

□ 涂底盘防护剂/Restore underbody protection
□ 干净/Clean　□ 脏/dirty　□ 非常脏/very dirty

备用轮胎 Spare wheel	千斤顶 Jack	工具 Tools	CD	点烟器 Lighter	电话卡 SIM card

如果需要额外工作 / If extra work required
□ 不做 / leave it
□ 做 / do it
金额不超过 / up to amount of

客户签字：　　　　　维修顾问签字：　　　　　　日期：
Customer Signature：_____ SA Signature：_____ Date：_____

如果是估价,最后价格可能与所做估价有 15% 浮动。
For estimate，the final price may have a variance of 15% from the above estimated price.

公司存根

认真检查待修车辆,并填写好维修工单,如表 1-1-2 所示。

表 1-1-2　维修工单

授权经销商	×××××服务有限公司			
地址:	邮编:	电话:	传真:	
客户姓名		WIP 编号		
省　　市		客户编号		
住　　址		工单号		
邮　　编		日　期		
移动电话		传　真		
车　　型		底盘号		
车牌号		发动机号		
里程数		首登日期		
上次保养	上次维修		维修顾问	
预约进厂		预约出厂		
项　目	描　　述		备　注	
1	右车门损伤修复　(车主自付款)			
2	右车门钣金件修复　(工时费　　)		零件费另计	
3	右车门涂装　(工时费　　)			
工时费	¥	零件费	¥	合计¥
车内有无贵重物品		有□	无□	
旧件是否放回车尾箱		是□	否□	
洗　车		是□	否□	
付款方式	现金□	支票□	信用卡□	

客户签名_____ 维修顾问签名_____ 日期_____

如果是估价,最后价格可能与所做估价有 15%浮动!

二、信息收集与处理

按表 1-1-3 完成任务 1.1 的信息收集与处理。

表 1-1-3　信息收集与处理

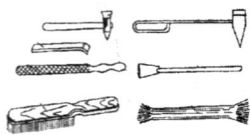

除旧漆常用手工工具　　　　　　　　　　　　　　　　　　防护底漆

序号	项目名称	作　　用
1		
2		
3		
4		
5		
6		

1. 汽车涂装的主要功能有：＿＿＿＿＿＿＿＿＿＿＿＿＿＿＿＿＿＿＿＿＿＿＿＿＿＿＿＿＿＿；
2. 涂装的三要素是指什么：＿＿＿＿＿＿＿＿＿＿＿＿＿＿＿＿＿＿＿＿＿＿＿＿＿＿＿＿＿；
3. 金属件表面预处理的目的：＿＿＿＿＿＿＿＿＿＿＿＿＿＿＿＿＿＿＿＿＿＿＿＿＿＿＿；
4. 施涂底漆的作用：＿＿＿＿＿＿＿＿＿＿＿＿＿＿＿＿＿＿＿＿＿＿＿＿＿＿＿＿＿＿＿＿。

1. 汽车涂装的发展

1) 国外汽车涂装的发展过程

尽管世界各国的涂装技术发展程度不一，但从总体上看，世界汽车涂装技术的发展可分为 5 个阶段，详细见表 1-1-4。

表 1-1-4　国外汽车涂装的发展

阶　段	应　用
第 1 阶段	1930 年前采用的以刷涂和自然干燥为主的手工作坊式小批量涂装。涂装前的表面处理以手工擦洗为主，使用的是自然干燥的油基涂料。其工效和涂装质量非常低，每台大约需要 20～80 工时
第 2 阶段	1930～1946 年采用的以空气喷涂和快速（或烘干）干燥为主的手工喷涂，涂装前处理以碱液清洗为主，使用的涂料为硝基、醇酸树脂类；采用自然干燥或烘干方式。其工效和涂装质量相对第 1 阶段有明显提高，每台大约需要 5～20 工时
第 3 阶段	1946～1963 年，是以提高涂层质量为主的涂装阶段。主要体现在：涂装工艺以提高涂层耐腐蚀性和装饰性为主，如采用水性底漆、氨基面漆、热塑性和热固性丙烯酸面漆等涂料；涂装前对被涂物体表面进行磷化处理，提高物体表面自身的抗腐蚀性和增强涂层与机体之间的附着力等作用；涂装方法采用浸涂底漆、静电喷涂和手工喷涂面漆；为了提高生产量和降低生产成本，采用人工烘干和湿碰湿喷涂烘干工艺。与前两个阶段相比，涂层的耐腐蚀性和装饰性得到明显提高，且工效高，每台大约需要 3～5 工时
第 4 阶段	1963～1974 年，是以提高生产过程中的机械化程度和增强焊缝、构件内腔的耐腐蚀性为主的涂装阶段。主要体现在：使用阳极电泳涂料和金属闪光色漆；磷化处理；阳极电泳涂装（涂料的渗透性好，可在焊缝、缝隙及构件的内腔形成良好的保护涂膜）和自动静电喷涂；采用辐射和对流相结合的烘干方式等。由于整个涂装生产过程的机械化程度高，使操作工人从恶劣的生产环境中摆脱出来。此阶段的生产效率高，每台大约需要 3 工时
第 5 阶段	1975 年后，是以进一步提高涂层的耐腐蚀性、面漆的装饰性、节能和防止公害等为主的涂装阶段。主要体现在：使用阴极电泳涂料（其耐腐蚀性比阳极电泳涂料高）、粉末涂料（涂料的利用率高，且涂料中没有有机溶剂）、高固体分涂料、水性涂料及金属闪光面漆、珠光面漆等；磷化处理、钝化处理及对处理液的回收再利用；阴极电泳涂装、高速静电喷涂及对喷涂时排出的废物进行无害处理；对烘干室排出的废气进行燃烧或其他无公害处理

2) 国内汽车涂装的发展过程

我国的汽车工业起步较晚，在 1956 年 7 月第一辆"解放"牌汽车下线前，我国仅有汽车修配业，汽车的涂装也是作坊式的手工操作。回顾我国汽车车身涂装的发展过程，在改革开放前的计划经济时期，涂装技术的发展速度较慢，与世界汽车涂装技术水平差距很大。在市场经济条件下，为了缩小与世界先进涂装技术的差距，采取技术引进和自主开发相结合的政策，我国现今的汽车车身涂装技术有了长足的发展。总结我国汽车车身涂装发展过程，可分为 4 个阶段。

笔 记

表1-1-5叙述了国内汽车涂装的发展过程。

表1-1-5　国内汽车涂装的发展过程

阶　段	应　用
第1阶段	1956～1965年,此阶段主要是消化吸收从前苏联引进的汽车涂装技术。当时,解放牌卡车驾驶室的涂装特点是:采用的涂料是醇酸树脂底漆和面漆,涂装前磷化处理(喷射式脱脂磷化),涂装主要以手工操作为主。通过对引进技术的全面消化,为我国汽车涂装技术的发展打下了良好的基础
第2阶段	1966～1985年,此阶段也称为阳极电泳涂装阶段。随着技术进步,我国也自主开发并开始使用阳极电泳涂料、氨基面漆、湿碰湿涂装工艺、表面活性剂清洗、静电喷涂及辐射烘干等。第一汽车制造厂对老式的涂装生产线进行了改造,并设计建造了越野车和轿车涂装生产线。20世纪70年代后期集国内涂装技术之精华,设计建造了第二汽车制造厂的涂装生产线。但此阶段仍以手工涂装为主
第3阶段	1986～1995年,此阶段可称为阴极电泳涂装和普及涂装前磷化处理阶段。"六五"期间,一汽、二汽和济南汽车制造厂从Hadeb Drysys公司引进汽车车身浸式磷化处理、阴极电泳涂装、Hydrospin喷漆室及推杆式运输链等,并在1986年7月建成投产。在消化引进技术的基础上,一汽、二汽和济南汽车制造厂为兄弟单位设计和建造了几十条涂装生产线 为了适应我国的轿车工业发展,上海大众引进了有年6万辆车身涂装能力的生产线;北京吉普、南京依维柯(IVECO)也引进了车身涂装生产线。一汽则自己设计了CKD和奥迪(AUDI)一轿车的车身涂装生产线,并于1991年建成投产,同时也对生产线上的运输机械进行了改进
第4阶段	1995年以来,我国对轿车工业投入较大,相继通过技术引进和合资建厂的办法,使轿车工业得到了长足发展,轿车车身的涂装技术水平跨入世界先进行列。如一汽大众和上海大众引进了高转速杯式静电涂装、机械手自动喷涂、全浸式磷化处理、阴极电泳涂装等轿车涂装生产线

2. 汽车涂装的功能

涂装是指将涂料涂覆盖在经过处理的物体表面(基底表面)上,经干燥成膜的工艺后。已经固化了的涂料膜称为涂膜(俗称"漆膜")。由两层以上的涂膜组成的复合层称为涂层。汽车表面涂装是典型的多涂层涂装。

汽车经过涂装后,除使汽车车身具有优良的外观外,还使汽车车身耐腐蚀,从而提高汽车的商品价值和使用价值。

汽车经过涂装后,不但可使车身具有靓丽的外观,而且还可使车身耐腐蚀,从而提高汽车的商品价值和使用价值。汽车涂装具有保护、装饰、特殊标识等作用。

表1-1-6叙述了汽车涂装的功能。

表1-1-6　汽车涂装的功能

序号	功　能	说　明
1	保护作用	汽车用途非常广泛,活动范围宽广,运行环境复杂,经常会受到水分、微生物、紫外线和其他酸碱气体、液体等的侵蚀,有时会被磨、刮而造成损伤。如果在它的表面涂上涂料,就能保护汽车免受损坏,延长使用寿命。这是因为,车身表面经涂装后,使零件的基本材料与大气环境隔绝,起到一种"屏蔽"作用而防止锈蚀。另一方面,有些涂料对金属来讲还能起到缓蚀作用,比如磷化底漆可以借助涂料内部的化学成分与金属反应,使金属表面钝化

笔记

续 表

序号	功　能	说　明
2	装饰作用	现代汽车不但是实用的交通运输工具,而且更像是一种艺术品。车身颜色与车内颜色相匹配,与环境颜色相协调,与人们的爱好以及时代感相适应。绚丽的色彩与优美的线形融为一体构成了汽车的造型艺术,协调的色彩烘托出汽车的造型,使汽车具有更佳的艺术美感
3	特殊标识作用	涂装的标识作用是由涂料的颜色体现的。在汽车上涂装不同的颜色和图案区别不同用途的汽车。例如,消防车涂成大红色;邮政车涂成橄榄绿色、字号、车号为白色;救护车为白色并做红十字标记;工程车涂成黄色与黑色相间的条纹,字及车号用黑色等。另外,颜色在指示、警告、禁令、指路等交通标志中的含义作用也非常明显
4	达到某种特定的目的	应用涂料的特殊性能,使汽车具有特殊功用来完成特种作业或适应特定的使用条件。例如,化工物品运输车辆要在车体表面或货箱、罐仓内部涂布耐酸碱、耐油、耐热、绝缘等涂料以防止化学品的腐蚀、渗漏等;军用汽车采用保护色达到隐蔽的作用;涂在船底上的防污漆,漆中的毒剂缓慢渗出,可杀死寄生在船底上的海洋生物,从而延长船舶的使用寿命,并保证其航行速度;为使导弹、航天器等在飞行过程中不至于被大气摩擦产生高温烧毁,在其表面涂覆一种既耐高温又耐摩擦的涂料;还有用于消音等方面的涂料等,不胜枚举,必须有各种各样的涂料

3. 汽车涂装分类

由于涂装的对象不同,涂装的目的和要求千差万别,所以汽车涂装的分类采用的涂料和涂装工艺也相差甚远。汽车涂装按涂装对象分类,大体可以分为新车制造涂装和旧车修补涂装汽车制造涂装根据汽车类型和结构分为以下下几种。

表 1-1-7 叙述了汽车涂装分类。

表 1-1-7　汽车涂装分类

序号	分　类	说　明
1	车身外表涂装	车身外表涂装是汽车制造涂装的重点.达到高装饰性和抗腐蚀的目的,并且与汽车用途相适应,具有优良的耐久性
2	车厢内部涂装	车厢内部涂装指客车车厢内部表面和载货车、特种车的驾驶室内表面的涂装。一般来说,车厢内部的包覆件自身带有颜色或加工成设计的颜色而不需要涂装。因此,作业量不大,主要应满足装饰性和居住性的要求,给人以舒适、赏心悦目的感觉
3	车身骨架的涂装	车身骨架是指支撑汽车覆盖件且构成汽车形体的承力结构件总成。车身骨架的结构强度决定了汽车的使用寿命,因此对其涂装的要求主要是抗腐蚀,保护基本材料。对于车架以下的部分则还应耐水、耐油和抗冲击。对于汽车车身要做好隔音、隔热和密封处理
4	底盘部件涂装	汽车底盘部件都在汽车的下部,要求涂膜具有良好的耐水、耐油、抗冲击和耐久性,尤其是底漆应有良好的附着力
5	发动机部件涂装	发动机的温度较高,经常接触水、油等,因此要求漆膜应耐热、耐水和耐油
6	电气设备的涂装	电气设备部分涂装主要要求防水、防腐蚀和绝缘;对于蓄电池附近的构件则要求耐酸。对于汽车制造涂装和零部件的涂装,世界各国都制订了相应的技术条件和工艺文件,许多国家还颁布了汽车涂层的防腐蚀标准,我国也颁布了相应的技术标准。汽车修补涂装总的目的就是要恢复汽车原有的涂层技术标准和达到无痕迹修补的目的,根据需要修补部位和修补面积的大小可以分为重新喷涂(简称重涂或全车喷漆)、局部修补(根据修补面积又可分点修补和板修补)和零部件修补涂装

4. 汽车涂装的基本要素

为了使涂层满足汽车高保护性和高装饰性的要求,或恢复汽车原有涂层的保护性和装饰性,必须精心设计涂装施工工艺、熟练掌握涂装操作要点、控制影响涂装质量的各种因素,保证涂装质量,获得最佳的涂装效果。

汽车涂装的基本要素包括:涂装材料、涂装工艺、涂装管理,称为涂装的三要素。

表1-1-8叙述了汽车涂装的基本要素。

表1-1-8　汽车涂装的基本要素

序号	基本要素	说　明
1	涂装材料	涂装材料的质量和作业配套性是获得优质涂层的基本条件。涂装材料生产厂家对其生产的涂料、辅料的质量和配套性负责。在修补涂装中涂料及辅料的选用是非常重要的,应使所选用的涂料与原车涂料性能相同或接近,各涂层涂料之间、涂料与辅料之间的配套性好,要便于施工,并考虑经济效果等。如果涂装材料选择不当,不但难以达到修补涂装要求,还会造成严重的涂装质量事故而需重新涂漆
2	涂装工艺	涂装工艺是充分发挥涂装材料性能,使涂料形成优质涂层的关键,也是降低涂装成本,提高经济效益的重要环节。涂装工艺包括涂装工艺参数的合理性和先进性;涂装工具的先进性和可靠性;涂装工艺顺序的合理性;涂装环境条件及涂装操作人员的技能、素质等。如果涂料的施工参数(黏度、温度或添加剂的加入比例等)选择不合理,就不可能得到满意的涂层;如果涂装前处理方法不当,涂层的附着性差;如果选用的涂装设备或工具可靠性差,故障率高,不仅难以达到优质涂层,还会造成材料浪费。此外,操作人员的工作责任心和操作的熟练程度对涂装质量影响很大。涂装环境包括温度、湿度和空气洁净度等,没有一个良好的涂装环境,就不可能得到高装饰性的涂层
3	涂装管理	涂装管理是确保所制订的涂装工艺得以认真执行,保证涂装质量和最佳经济效益的重要条件。涂装管理包括工艺管理、设备管理、质量管理、成本管理、现场管理及人员管理等。在同等条件下企业之间的竞争就是人才和管理的竞争,应从管理中要质量、要效益。先进的涂装工艺、涂装设备,如果缺乏科学的、严格的管理制度和措施,要想达到满意的涂装效果和最佳的经济效益是不可能的。管理的核心问题是人的管理

5. 涂装常用方法

涂装质量好与坏是涂装三要素综合作用的结果,其中涂装工艺的正确选用也是影响涂装质量的重要方面。所谓涂装工艺的选择在某种意义上讲是涂装方法的选择,不同的涂装方法适用于不同条件下的涂装,因此选择正确的涂装方法是非常重要的。到目前为止,涂装方法主要有浸涂、喷涂、刷涂、辊涂、电泳涂装、刮涂、静电喷涂、搓涂等8种,其中电泳涂装、喷涂、静电喷涂和刮涂在汽车涂装中应用较多。

表1-1-9叙述了常用涂装的方法。

表1-1-9 常用涂装的方法

序号	方 法	说 明
1	浸涂	浸涂是将经过表面处理的被涂物直接浸没在大量的液态涂料中,利用涂料与被涂物表面的附着力使涂料附着在被涂物表面的涂装方法。此种涂装方法在早期的生产过程中比较常见,它适用于体积比较小、对涂装质量要求不高的零部件的涂装。浸涂对生产条件的要求较低,不要求操作人员有较高的技术水平,但是涂料的浪费比较严重,对环境的影响比较大
2	喷涂	用特制的喷涂设备(主要是喷枪)将涂料雾化,并涂布于被涂物表面的涂装方法。此种涂装方法出现较晚,它的应用范围很广,大多数的零部件都可以使用喷涂的方法进行涂装。喷涂涂料相对节省,涂装质量较好、涂膜质量容易控制,但是它对操作人员的技术水平要求比较高,对喷涂设备的要求比较严格,对环境的影响比较严重
3	刷涂	用动物毛发或植物纤维制成的刷子,将涂料刷存物体表面的涂装方法。此种涂装方法出现较早,但应用范围很广。刷涂对涂装设备的要求较低,对操作人员的技术水平要求较高,涂布过程中涂料的浪费较少,对周围环境影响较小
4	辊涂	用棉制或化学纤维制成的辊轮,通过辊轮的滚动将涂料均匀涂布在物体表面的涂装方法,此种涂装方法适合于较大面积的涂装,它对涂装设备的要求较低,但对操作人员的技术水平要求较高,涂料的浪费较少
5	电泳涂装	将被涂物浸涂于涂料中,被涂物与涂料加以不同极性的电荷,利用电荷移动的原理进行涂装的方法。电泳涂装对涂装附属设备的要求很高,技术难度较大,自动化程度高。电泳涂装的涂膜厚度能够很好地进行控制,涂装质量高,多用于新车制造中底层涂料的涂装。由于被涂物所加电荷的不同可分为阴极电泳和阳极电泳两种。
6	刮涂	用刮板将涂料刮于被涂物表面的涂装方法。刮涂对涂装设备的要求较低,对操作人员的技术要求较高,涂料浪费较少,刮涂多用于汽车修补涂装中的凹陷填充与外形修复
7	静电喷涂	在喷涂设备上加以一定电荷的静电电量,赋予喷涂出涂料一定电压的静电,利用静电的吸附原理将涂料涂布于被涂物表面的涂装方法。静电喷涂对喷涂设备的要求较高,但对操作人员的技术水平要求不高,且涂料的浪费较少,对环境的影响较小
8	搓涂	将布料或其他材料浸沾涂料后用搓拭的方法将涂料涂布于被涂物表面的涂装方法。搓涂应用较少,一般是在要获得某种特殊效果时使用。它对涂装设备的要求较低,但对操作人员的技术水平要求较高

6. 汽车涂装作业的安全与防护

1）工具与设备的安全使用

修补涂装车间所用工具和设备有手动工具、电动工具、气动工具和一些大型设备（比如喷漆烤漆房）等。正确使用这些工具和设备是安全生产的重要保证。

表1-1-10叙述了工具与设备的安全使用要求。

表 1 - 1 - 10　工具和设备的安全十要求

(1) 手动工具要保持清洁和完好。应经常清洁沾有油污或其他杂物的工具,检查其是否有破损,以免使用时发生机械事故,伤及人身

(2) 使用锐利或有尖角的工具时应当小心操作,以免不慎划伤不应触及的部位或伤及人身

(3) 专用工具只能用于专门的操作,不能移作它用

(4) 不要将刮板、起子、铲子等锐利工具放在口袋中,以免伤及身体或划伤汽车漆面

(5) 使用电动工具之前应检查是否接地,检查导线的绝缘是否良好。操作时,应站在绝缘橡胶地板(或穿绝缘靴)上进行。无保护装置的电动设备不要使用

(6) 用气动或电动工具从事打磨、修整、喷砂或类似作业时,必须戴安全镜

(7) 必须确认电动工具上的电路开关处于断开位置后,才允许接通电源;电动工具使用完毕,应切断电路,并从电源上拔下来

(8) 清理电动工具在工作时所产生的磨屑或碎片时,必须让电动工具停止运转,切勿在运转过程中用手或刷子去清理

(9) 任何操作时都不宜过度探身,防止摔倒

(10) 气动工具必须在规定的压力下工作。当喷嘴处于末端时,用于吹除灰尘的压缩空气的压力应保持在 200kPa 以下

2) 作业环境控制

在车身修复车间工作时,常遭受到有害气体、灰尘等的危害。因此应制订相应的控制措施。

表 1 - 1 - 11 叙述了作业环境控制。

表 1 - 1 - 11　作业环境控制

序号	项　　目	说　　明
1	通　风	在使用腐蚀剂、脱脂剂、底漆和表面涂料时,适当的通风是非常重要的。可采取换气系统进行地面抽气,或以强力抽气中心来抽吸磨料和喷漆场地灰尘的方法进行通风。喷漆室需要充分地换气,这样不仅可以加速喷涂面的挥发和干燥,也可以去除有害混合物和气体。在采用暖风的情况下,不允许采用循环风
2	一氧化碳	只有在通风良好的地方运行发动机才能防止一氧化碳的危害。假如工厂装有层管排气系统,应用它排出一氧化碳。如果没有,则可用直接通往室外的管道系统或者是机械通风系统排出一氧化碳。有些工厂使用加热器,这也是一氧化碳的主要来源,所以应当定期检查,使通风系统处于畅通状态
3	涂料、填料和稀释剂	用于大多数涂料的稀释剂都具有麻醉作用,作业人员长期接触会引起伤害。除去通风外,在喷涂场地内还应戴上呼吸保护器、安全手套。任何一种材料触及皮肤,都要迅速用肥皂水清洗所触及的部位
4	灰　尘	灰尘是涂装车间的一个比较难以控制的问题。一般是在喷砂、打底漆、涂填料等操作过程中产生的。在进行此类作业时,应当戴上防灰尘和微粒的呼吸保护器或面罩

提示:

有些企业的涂装车间安装了"无尘"喷砂系统。系统能够用足够的空气量及其速度通过专用的孔呼出空气中的喷砂灰尘。有些系统可不间断地运行,有些则是按照需要由人工进行操作。

3) 涂装产生火灾的原因

表 1-1-12 叙述了涂装时产生火灾的原因。

表 1-1-12　涂装时产生火灾的原因

序号	说　明
1	气体爆炸。由于喷涂车间或喷气烤漆房太小,加之换气不良,充满溶剂蒸气,在达到爆炸极限时遇明火(火星或火花)就会引起爆炸
2	电气设备选用不当或损坏后未及时维修。照明器具、电动机、开关及配线等在危险场合使用,在结构上防爆考虑不充分,有产生火花的危险
3	残余溶剂、废漆、漆雾末、废弃遮盖物、残留有溶剂或涂料的废抹布等如保管不善,随意堆积在一起易产生自燃
4	不遵守防火规程,防火安全意识淡薄,在车间内涂装现场使用明火或抽烟

4) 溶剂及易燃液体的防火处理

车身涂装施工人员需用各种溶剂来清洗表面和设备,以及稀释表面涂料。这些溶剂都是易燃的物质,其蒸发的烟雾易引起猛烈燃烧。遵守下面的安全做法将有助于防止火灾的爆炸。

表 1-1-13 叙述了溶剂及易燃液体的防火处理。

表 1-1-13　溶剂及易燃液体的防火处理

序号	说　明
1	不要在喷漆车间点燃火柴和抽烟。在允许吸烟或有明火的其他场地点火或抽烟时,要确保手和衣服上没有溶液
2	在任何有可能存在由高度易燃性液体产生的高浓度蒸气的场地上加装控制和监视设备,以防火灾
3	输送桶装溶剂时要用专用的泵通过桶上的孔抽送
4	除倒出溶液时外,要保持所有溶液容器关闭并标记清楚
5	运送溶剂(或任何溶液)时避免溢出。用散装容器运送易燃溶剂时要特别小心,切记溶剂桶必须接地,并且要用导线将桶与安全罐连接起来。否则,运输过程中产生的静电将引起火花进而导致爆炸
6	按照地方法规的规定,定期报废或清洗所有空的溶剂容器。这些容器底部残余的溶剂蒸气层是重要的火源。切记勿用汽油作清洗剂
7	用于车身和喷漆料、稀释剂、溶剂和其他易燃液体,必须存放在经过批准的金属(切勿用木料)柜中,贮存室需充分地通风。不少车身修理时使用单独的设备散装贮存易燃材料,但不要把超过一天用量的漆料放在贮存区以外
8	所有易燃和易爆液体的桶和管道的连接器必须是气-液封严,不泄漏
9	喷漆时按如下程序进行: (1) 喷漆前移开手提灯 (2) 打开通风系统 (3) 喷漆场地必须没有发热表面,如白炽灯等 (4) 喷漆场地上必须没有可燃的残余物 (5) 油漆干燥时必须运行通风系统

5）安全知识

表1-1-14叙述了安全知识。

表1-1-14 安全知识

序号	说　明
1	由于在汽车涂装中使用的涂料有大部分是有机溶剂型,挥发性较大、易燃易爆,因此在使用中严禁接触明火或高温热源,以防止火灾爆炸的发生
2	在开启铁制涂料桶时,严禁用金属硬物猛烈敲击或碰撞,以防产生火花而引起火灾
3	涂装车间属于火灾危险区,一般要使用防火墙与其他车间隔离,车间内外还应设立各类醒目的防火警示标牌。定期对车间内的涂装从业人员进行安全知识教育,不准任何携带火种的人员进入车间或施工现场
4	对丢弃的废物废料及被污染的废弃遮盖物、废抹布等,设置专人集中回收,妥善放置及处理。不能随意丢弃,且远离高温源,以防其自燃而引起火灾
5	车间及施工现场内的电线、电缆等,必须按防爆等级规定进行安装,通风设备及电器设备应为防爆式
6	对静电喷涂设备,为避免静电积聚,喷漆室及各种固定容器必须有接地装置,以防止放电
7	所有电器设备及开关都应有防爆装置,电源应设置在防火区以外
8	车间内的所有构件都应采用防火性能好的材料
9	存储涂料应运离作业成绩区,施工区内最多保留一天的使用量
10	在涂装过程中应尽量避免敲打、碰撞、冲击、摩擦等动作,以免发生火花或静电放电而引起火灾、爆炸
11	严禁向下水道倾倒易燃溶剂和涂料

6）个人安全防护

呼吸系统的安全与保护。磨料的粉尘、腐蚀性溶液和溶剂所蒸发的气体、喷漆时的漆雾都会给呼吸系统带来危害。即使在通风良好的环境下,操作者仍需要戴呼吸保护器。

表1-1-15叙述了个人安全防护用品。

表1-1-15 个人安全防护用品

名称	说　明	应　用
防尘口罩	防尘口罩可以防止灰尘、漆雾、烟雾等空气中浮游微粒被吸入,保护肺、预防哮喘、避免中枢神经受损害。有简单一次性的和带可更换过滤器芯的两类	 过滤器芯　可更换过滤器芯式防尘口罩　一次性防尘口罩
供气式面罩	供气式面罩是一种可以防止混有有机溶剂的空气通过口鼻吸入人体,可分为全面罩式和半面罩式两种。利用压缩空气供气系统,通过供气软管向面罩内供应新鲜空气,也可选用单独小型空气压缩机提供新鲜空气。新鲜空气的入口必须置于清洁、远离喷漆的区域,并且须加装可滤油、滤水的空气过滤器及冷冻干燥机,以确保空气品质 供气式全面罩:其优点是不仅保护操作者的呼吸系统,而且保护了整个头部,特别是眼睛,但视觉上没有半面罩式清楚 供气式半面罩:它能够给操作者提供新鲜空气及良好的视线,但缺少了保护眼睛及脸部的作用	 供气式全面罩 供气式半面罩

续 表

名称	说 明	应 用
活性炭过滤面罩	喷涂磁漆、硝基漆以及其他非氰化物的油漆和喷涂量较少时,操作者可以戴活性炭过滤面罩,如图所示。这种面罩由一个适应人的脸形并具有密封作用的橡皮面具构成。它包括可拆卸的前置活性炭芯,可以滤去空气中的溶剂或喷雾。呼吸器还有进气和排气阀门,以保证呼吸顺畅	双滤芯式活性炭面罩、滤芯、单滤芯式活性炭
眼睛的保护	戴防尘镜、护目镜或防护面具,防止眼睛受到灰尘、溶剂蒸气、飞行物、油漆及溶剂溅出等的损伤	护目镜
手的保护	为防止溶液、底漆及外层涂料对手的伤害,应配戴安全抗溶剂手套进行操作	抗溶剂手套
身体的保护	按规定穿着工作服进行作业。在喷漆场地,应穿清洁的喷漆防护服。此类工作服面料不起毛,以免影响漆面质量。工作服的上衣应是长袖的,袖口必须是橡皮扎口。工作裤要有足够的长度,裤脚口也是橡皮扎口的为好	喷漆防护服
脚的保护	在作业时,应穿带有金属脚尖衬垫及防滑的安全工作鞋。金属脚尖衬垫可以保护脚趾不受落下的物体碰伤。喷漆时还应再穿上方便鞋套或鞋罩	防护靴

7. 压缩空气供给系统

压缩空气供给系统用于提供充足的达到预定压力的压缩空气,以确保喷涂车间所有的气动设备都能有效地工作。

1)供气系统

表1-1-16叙述了压缩空气的供给系统。

表 1－1－16　压缩空气供给系统

组成元件	图　　示	说　　明
压缩空气供给系统 / 空气压缩机		压缩机是所有空气系统的心脏,它将空气的压力从普通的大气压升高到某一更高的压力值,是提供压缩空气的设备。除了喷漆需要用压缩空气外,所有的气动工具和设备都要利用有一定压力和流量的压缩空气作为动力 目前使用的空气压缩机根据工作原理分为活塞式、螺杆式、膜片式三类
储气罐	出气口　进气口	空气压缩机输出的压缩空气一般都要进入储气罐暂时储存。只有当储气罐气体的压力达到气动工具所需要的压力值时,气动工具才能正常工作。储气罐实质上是个蓄能器,其容积越大,所能储存的压缩空气量越多。只有当气动工具使用时,压力下降到一定值,压缩机才会启动重新向储气罐充气。可见储气罐的作用在于减少压缩机的运转时间,同时又能保证供给气动工具用气的需要,因此可以减少压缩机的磨损和维修工作 储气罐或其他容器通常为圆柱形,图为典型的压缩机储气罐形式
空气冷冻干燥机		主要用于降低压缩空气的温度,它既可以吸收气流的热量又可以清除杂质和残余的油、水。若没有将空气中的油和水清除干净,会造成喷漆中常见的"鱼眼"现象
压缩空气过滤器	调节旋钮　压力表　调节旋钮　压力表　过滤器　过滤器　出气阀门　排水口　出气阀门	是一种多功能的仪器。它可将油、脏东西和水从高压气体中分离出来;过滤和分离空气;显示调节后的空气压力

<<<< --

2) 供气系统的维护

为使供气系统能有效地工作,延长系统部件的使用寿命,工作人员要按规定的保养方案进行日常的维护保养。一般而言供气系统的保养分为日保养、周保养和月保养几种。

表 1 - 1 - 17 叙述了供气系统的维护工作。

表 1 - 1 - 17　供气系统的维护

序号	项　　目	说　　明
1	日保养	(1) 放掉储气罐、油水分离器内的冷凝水,特别是在空气湿度比较大时,每天要多放几次 (2) 检查曲轴箱的润滑油面,尽量油面应保持充足的水平,但注意不要过高,以避免机油消耗过多 (3) 在没有 SAE10 和 20 号重机油的情况下,可以使用 SAEWW - 30 跨等级机油。但这种机油中的添加剂,会产生碳的残余物从而破坏表面光泽。在那些容易造成坚固的积碳的情况下,如果先使用一种可以清除积垢的机油可以获得满意的效果 (4) 使用这种去垢机油之前,应将活塞、活塞环、气缸和气缸头清洗干净,因为去垢机油将这些部件上的积碳腐蚀下来,从而会堵塞通气口,损坏储气罐和轴承
2	周保养	(1) 拉开安全阀上的拉环,使其打开。如果该阀工作正常,就会像下面介绍的那样排气:若安全阀装在储气罐或单向阀上,则在罐内存有高压气时排气;若安全阀装在压缩机内置冷却器上,则在压缩机工作时排气。然后用手指将拉出来的杆推回去。当安全阀不能正常工作时,应立即维修或更换 (2) 清洗空气滤清器的毛毡或海绵等过滤件,用防爆溶剂清洗干净后,晾干重新装好。如果滤清器太脏,就会降低压缩机的效率和增加机油的消耗 (3) 清洗或吹掉气缸、气缸头、内冷机、后冷机及其他容易集灰尘或脏东西的压缩机及其附属设备的部件上的小颗粒。干净的压缩机工作时的温度较低,而且使用寿命也较长
3	月保养	(1) 添加或更换曲轴箱内的机油。当干净的工作环境下,机油应每 500 工作小时或每 6 个月换一次(满足两个条件之一就应更换)。如果工作环境不够干净,就应增加更换的频度 (2) 调节压力开关的关机/开机设定点 (3) 检查每次关掉电动机时泄放阀或 CPR 的排气压力是否正常 (4) 上紧带轮以防打滑。如果 V 带松,电动机转轮在工作时就会发热。而当 V 带上得过紧时,就会使电动机负载过重,从而导致电动机和压缩机轴承过早磨损 (5) 检查并调整松动的电动机转轴和压缩机飞轮。注意进行操作时必须取下 V 带防护罩的前半部分 (6) 上紧压缩机上所有的阀芯或气缸盖,确保每个气缸不会松动,以免损坏气缸或活塞 (7) 检查压缩机附件和供气管道系统有无空气泄漏 (8) 关闭储气罐排气阀,检查泵气时间是否正常 (9) 检查是否有异常的噪声出现 (10) 检查并纠正机油泄漏的现象 (11) 另外还应进行上面介绍的周保养的内容

8. 无尘干磨系统

1）无尘干磨系统组成

机械打磨可以利用电力驱动,也可以利用压缩空气驱动。由于喷漆车间内有易燃物品,要尽量减少电动工具的使用,所以主要是采用压缩空气驱动的气动打磨机。

表 1-1-18 叙述了无尘干磨系统。

表 1-1-18　无尘干磨系统

组成元件	图　示	说　明
干磨系统		设备的工作原理也相当简单,设备通过高压气带动干磨机的旋转对原子灰和油漆进行研磨同时,无尘干磨系统内的吸尘电机的转动在干磨机的工作面上产生一个负压区,这样将干磨产生的灰尘吸入无尘干磨系统内,经过空气过滤将灰尘滤掉,排出干净的空气,防止灰尘对空气、环境的污染
单作用打磨机	 单作用打磨机	打磨盘绕一固定的点转动,砂纸只作单一圆周运动,称为单一运动圆盘打磨机或单作用打磨机,这种打磨机的扭矩大。速度低的,主要用于刮去旧涂层,钣金工具就属于这类打磨机;速度高的,用于漆面的抛光,也就是抛光机
轨道式打磨机	 轨道式打磨机	轨道式打磨机的砂垫外形都呈矩形,便于在工件表面上沿直线轨迹移动,整个砂垫以小圆圈振动,此类打磨机主要用于原子灰的打磨,该类打磨机可以根据工件表面情况采用各种尺寸的砂垫,以提高工作效率,轨迹直径亦可改变
双作用打磨机（偏心振动式）	 双作用打磨机	打磨盘垫本身以小圆圈振动,同时又绕其中心转动,因而兼有单运动及轨道式打磨机的运动特点,其切削力比轨道式打磨机强。在确定打磨机用于表面平整或初步打磨时,要考虑轨道的直径,轨道直径大的打磨较粗糙,反之较细
往复直线式打磨机	电动打磨机的类型与气动式基本相同	砂垫作往复直线运动的,称为直线式打磨机,主要用于车身上的特征线和凸起部位的打磨

2）无尘干磨系统的特点

无尘干磨系统采用动力打磨机打磨,多为干磨形式,并将打磨过程中产生的灰尘吸进回收装置里。与手工打磨相比较,具有如下特点,见表1-1-19。

表 1-1-19　无尘干磨系统的特点

序号	说　明
1	大大缩短打磨工作时间
2	减轻漆工的劳动强度
3	减少了清理车身表面的程序与时间
4	省略了多次干燥的环节,简化了修补的过程,更容易保证喷漆后质量
5	减少了因喷漆质量不稳定而造成的返工
6	不产生污水,节约水源,保护环境,保护操作人员的身体健康

9. 喷枪

喷枪是涂装修补的关键设备,其质量对涂装修补的质量影响很大;喷枪的类型和规格较多,适用于不同场合的喷涂,但其基本功能和原理是一致的。

1）喷枪分类

按涂料的供给方法不同,空气喷枪分为吸力式、重力式和压送型三种,涂装修补常用吸力式和重力式。按涂料罐的安装位置不同,分为下壶枪和上壶枪。

表1-1-20叙述了喷枪的种类。

表 1-1-20　喷枪种类

名　称	作　用	优　点	缺　点	图　示
虹吸式 (下壶枪)	涂料杯在喷枪的涂料喷嘴的下面,涂料靠喷嘴产生的吸力供应	由于涂料杯容量大,适合于喷涂大面积	喷涂水平表面困难,涂料杯容量大、喷枪重。喷涂人员较易疲劳	
重力式 (上壶枪)	涂料杯在喷枪的涂料喷嘴的上面,涂料靠其自己的重力以及在喷嘴处产生的吸力供应至喷嘴	由于涂料杯容量小,适合于喷涂小面积和修补	由于涂料杯容量小不适合于大面积长时间地喷涂	
压送型	涂料罐和喷枪是分开的。涂料在涂料罐内被压缩空气加压,并供至喷枪	适合于对大面积进行连续喷涂作业	不适合于小面积的涂装工作。变换颜色及清洗喷枪需要较长时间	

2）喷枪的雾化过程

空气喷枪是指利用空气压力将液体转化为小液滴的喷涂工具，该过程即雾化。雾化的过程就是喷枪工作的过程，雾化使涂料成为可喷涂的细小且均匀的液滴。当这些小液滴被以正确的方式，喷上汽车表面后，就会结合形成一层厚度极薄的，像镜子一样平整的膜。雾化分为三个阶段进行。

表1-1-21叙述了喷枪的雾化过程。

表1-1-21　喷枪的雾化过程

名　称	说　明	图　示
第一阶段	涂料从喷嘴喷出后，被从环形口喷出的气流包围，气流产生的气旋使涂料分散	
第二阶段	涂料的液流与从辅助孔喷出的气流相遇时，气流控制液流的运动，并进一步使其分散	
第三阶段	涂料受从空气帽喇叭口喷出的气流作用，气流从相反的方向冲击涂料，使其成为扇形的雾状喷射出来	

3）喷枪的结构

表1-1-22叙述了喷枪的结构。

表1-1-22　喷枪的结构

名　称	说　明	图　示
喷枪的结构	喷枪主要由气帽、喷嘴、枪针、扳机、枪身、涂料壶、涂料流量调节旋钮、调节钮、喷幅调节旋扭和涂料气压调节旋钮等组成。图为典型的上壶空气喷枪的结构 注：喷枪关键部件（气帽、喷嘴、枪针）	
喷枪可调节部位	涂料流量调节旋钮、喷幅调节旋扭、涂料气压调节旋钮	

续表

名　称	说　明	图　示
气　帽	气帽引导压缩空气冲击涂料,使其雾化成有一定直径的漆雾。空气帽上有3个小孔,即中心孔、辅助孔、侧孔:中心孔位于喷嘴末端,产生喷出涂料所需的负压。辅助孔可促进涂料的雾化,喷出空气量的多少与涂料雾化好坏有很大关系。侧孔喷出的气流可控制喷雾的形状,当扇形调节旋钮关上时,喷雾的形状是圆形,当调节旋钮打开时,喷雾的形状变成椭圆形	中心孔　辅助孔　侧孔
	辅助喷孔数量	小 ← 喷气量 → 多　不好 ← 涂料雾化程度 → 好
	另外一个功能是改变喷雾图形的方向,其方法是旋转气罩	
扳　机	拉动扳机,空气及涂料便会喷出。扳机的工作分两步。初始拉扳机时,气阀打开,仅让空气喷出。再进一步拉扳机,顶针便打开,让涂料随空气喷出。这种结构用于在拉动扳机时提供稳定的雾化	
涂料调节螺钉	通过调节针的移动量来调节涂料喷出量。如果放松调节螺钉,喷出量增加;拧紧该螺钉,喷出量减少。如果调节螺钉完全拧紧,涂料便停止流出	涂料调节螺钉　松 ← 调节涂料喷出量 → 紧
喷幅调节螺钉	调节喷雾图形。拧松螺钉可以产生椭圆形状,拧紧螺钉可以产生较圆的形状椭圆形状比较适合于喷涂较大的工作表面,圆的形状比较适合于喷涂较小的面积	松 ← 调节喷束宽度 → 紧
空气调节螺钉	用于调节空气压力。拧松调节螺钉可增加空气压力,拧紧则降低空气压力空气压力不足可以降低涂料雾化的程度,而空气压力过大,则会使更多的涂料溅散,从而增加所需的涂料量	松 ← 调节气流量 → 紧　空气调节螺钉

4）喷枪的操作

表1-1-23叙述了喷枪的操作。

表1-1-23　喷枪的操作

名　称	说　　明	图　示
拿喷枪	为使操作不感到疲劳和保持稳定的喷涂,应该采取放松的姿势,不要收紧拿喷枪一侧的肩、肘或臂。一般说,喷枪用拇指、食指及小指抓握,而扳机是第三、四手指拉动的	
移动喷枪	（1）喷枪距离 （2）喷枪角度 （3）运动速度 （4）喷雾图形重叠 所有这4点都需要照顾到,以保证优美的饰面	
喷枪距离	如果喷枪靠涂装表面太近,那么就会相对喷涂过量的涂料,产生较厚的涂层,结果发生垂流。相反,如果喷枪距离涂装表面远了,涂料量会不足,使涂层薄而粗糙 喷枪与喷涂工件之间的距离宜为10～20cm	
喷枪角度	喷枪角度系指喷枪相对于车身板表面的定向。喷枪无论在垂直时还是水平移动时,都必须始终操作得与车身板表面垂直。否则,涂层可能不均匀	
运动速度	喷枪移动的速度称为运行速度。如果运行速度慢,那么涂层就厚,并且有垂流;如果运行速度太快,那么涂层就薄。此外,如果运行速度不均匀,那么涂层往往也不均匀。就一般的喷涂而言,运行速度介于900～1 200mm/s为适宜	
喷雾图形重叠	当涂料从喷枪喷出时,便形成喷雾图形,喷雾图形边缘比中央部分薄。因此,为了获得均匀的涂层,喷雾图形的厚度应该均匀。正确的喷雾图形重叠宽度为喷雾图形的1/2至2/3	

5) 喷枪清洁

空气喷枪在使用以后一定要保持清洁。如果喷枪不清洁,涂料便会堵住喷枪,便不能再用了。此外,如果清洁方法错了,也会导致喷枪功能下降和涂料泄漏。

表1-1-24叙述了喷枪的正确清洁方法。

表1-1-24 喷枪清洁方法

名　称	说　明	图　示
重力式喷枪清洁	清除涂料杯中残遗的涂料,然后拉动扳机,清除喷枪中遗留的涂料	
	将稀释剂倒入涂料杯,然后喷几次稀释剂	
	在气罩前面盖一块擦拭布,然后拉动扳机,用压缩空气逆向冲洗喷枪	
	用鬃刷清洁涂料杯	
吸力式喷枪清洁	折下涂料杯。在气罩前面盖上一块擦拭布,拉动扳机,反向冲洗留在通道中的涂料	

笔记

名　　称	说　　明	图　　示
吸力式喷枪清洁	清除所有残留在涂料杯中的涂料,用鬃刷清洁涂料杯的里面和外部	
	将清洁的稀释剂倒入容器,再拉动扳机,清除稀释剂。然后,使用上述方法,反向冲洗清洁用的稀释剂。重复此程序若干次,直至清洁用的稀释剂中没有残留的涂料	
	用鬃刷清洁空气喷枪	

6) 喷枪清洗及维护

表1-1-25叙述了喷枪清洗及维护。

表 1 - 1 - 25　喷枪清洗及维护

名　　称	说　　明	图　　片
拆卸喷嘴套装	首先拆下枪针	
	然后取下气帽	
	最后用工具包里的扳手取下喷嘴	

笔记

名　称	说　明	图　片
清洗和吹干	清洗涂料通路	
	清洗枪体外部	
	用风枪吹干	
安装及维护	装上喷帽	
	用扳手旋紧	
	装上气帽	
	在枪针接触密封圈的位置涂少许润滑油	

续　表

名　称	说　明	图　片
安装及维护	装上枪针	
	在枪针弹簧上涂少许润滑油	
	在涂料流量调节旋钮的螺纹上涂少许润滑油	
	装上涂料调节旋钮	
	在扳机顶杆的可见部分涂少许润滑油	

提示：

　　用鬃刷清洁气罩时,应小心不要在清洁时损坏气罩,因为其气孔的状况对于喷雾图形有很大影响。绝不可以用针、金属丝刷或钢丝刷之类的工具。如果干涂料难以清除,那么将气罩浸在硝基稀释剂中,以软化干涂料,然后再清洁气罩。使用干净的布,擦去所有残留的稀释剂,然后再装上气罩。向涂料杯中倒入少量清洁的稀释剂,少量的稀释剂将有助于防止涂料通道被堵塞。

三、制订维修计划

表 1－1－26 叙述了制订金属件表面预处理计划。

表 1－1－26   制订金属件表面预处理计划

1. 一辆轿车右车门因事故损伤,进入修理厂进行修复作业。经检查车门损伤面积达 30%、凹陷处深 50mm、有部分漆膜脱落现象,该车门需钣金件修复及涂装处理作业
2. 查阅相关资料,金属件表面预处理有清洗、损坏程度评估、清除旧漆、喷涂底漆等

工艺流程	操 作 示 意 图	技术要求或标准
1. 清洗		按工作要求彻底清洗干净
2. 损坏程度评估		准确评估损伤部位
3. 清除旧漆		按工作要求彻底打磨旧漆
4. 喷涂底漆		底漆喷涂均匀

四、实施维修作业

1. 清洗

虽然涂装操作可能是车身的某一块板件或板件的某一部分,但仍需要彻底清洗车上的泥土、污垢和其他异物,尤其注意门边框、行李箱、发动机罩缝隙和轮罩处的污垢,如果不清除干净,新油漆的漆膜上就可能会沾上很多污点。一般使用纯净水冲,再用中性肥皂水或车辆清洗剂清洗,然后用水彻底冲净,以清除水溶性污染物。

1) 全车清洗

表1-1-27叙述了全车清洗方法。

表1-1-27　全车清洗

项　目	说　明
全车清洗	发动机舱内的灰尘　门窗　天窗　窗户槽　行李箱盖的缝隙　发动机罩周缘缝隙　轮胎挡泥板　踏板槽　门把手　门柱之间　门的缝隙
高压清洗机洗车	(1) 冲洗。用高压水将整车冲湿,然后用水枪冲洗沾染在车身的树叶、泥沙等污物,其顺序是:车顶—前机盖—车身—后备箱—车裙—轮胎—底盘 (2) 清洗液擦拭。将清洗液与水按一定比例混合,用海绵蘸上清洗液均匀地擦拭车身表面。擦拭的顺序应由上而下,即车顶—窗玻璃—前机盖—车身—后备箱—车裙。或先喷洒清洗液,再用洗车手套或海绵由上而下均匀地擦拭各部位 提示: ① 清洗液的配制必须按照说明书规定的比例进行 ② 擦洗车身时,必须按照从上而下的顺序进行 ③ 不准使用洗衣粉或家用洗涤精 ④ 冲洗,由上至下以赶水的方式用水枪冲洗 ⑤ 擦干 a. 用大块半湿浴巾沿车前后擦两遍,吸去多余水分 b. 再用麂皮擦干漆面、玻璃 c. 用纯棉毛巾擦干门内边、保险杠等处的多余水分 d. 用吹气枪把缝隙和接口处的水分吹干
桶装水洗车(无冲洗设备)	(1) 将海绵蘸满洗车液。按顺序擦拭整车(边挤海绵边擦),并及时清洗海绵 (2) 在泡沫未干前用干净的湿毛巾擦净(由上至下)

续　表

项　　目	说　　明
洗车的注意事项	(1) 冲车时的注意事项 ① 保持喷枪水柱与车身成45°，并根据冲洗部位的不同而调校喷枪水柱的压力和喷洒形状 ② 保持枪头与车身的距离为15～60cm，不可太近或太远 ③ 不可一开始就边冲边擦，因为泥沙在没有冲干净之前，沙粒会刮伤漆面 (2) 清洗时的注意事项 ① 清洗液的配制必须按照说明书规定的比例进行，过浓或过稀均难达到最佳效果 ② 使用海绵或洗车手套擦洗车身时，必须按照从上至下的顺序进行 ③ 碱性较强的洗衣粉或家用洗涤精配制出来的清洗液会损伤蜡膜，最好不选用。应选用性质温和的香波类清洗液，它不破坏蜡膜，不腐蚀漆面
车表顽固污渍的清除	汽车行驶时有可能沾上焦油、沥青等污物，如果没有及时清洗，长时间附着在漆面上，会形成顽固的污斑，使用普通的清洗液一般难以清除干净，可以采用如下方法处理： (1) 使用焦油去除剂清除。焦油去除剂是汽车美容的常用产品，主要用于沥青、焦油等有机烃类化合物的清除。使用专用的焦油去除剂，既可有效溶解顽固污物，又不会对漆面造成损伤。在沥青、焦油等顽固污渍的清除作业中，最好选用专用产品 (2) 使用有机溶剂清除如果没有专用的焦油去除剂，可选用有机溶剂，但选用时一定要注意不可选用对车漆有溶解作用的有机溶剂，如含醇类、苯类的有机溶剂、松节水等。一般可用溶剂汽油浸润后，擦拭清除 (3) 使用抛光机清除。使用抛光机也能有效地去除附着在车表的沥青、焦油等顽迹，在清除时可加入适当的研磨剂。但操作时要注意抛光机的使用。注意选择抛光机的转速和抛光盘的材质，避免过度抛光

2) 待涂件表面的清洗

表1-1-28叙述了待涂件表面的清洗。

表1-1-28　待涂件表面的清洗

车身待涂表面的清洗	车身待涂装表面的清洗主要采用有机溶剂清洗。它的作用是溶解和去除油脂、润滑油、污垢、石蜡、硅酮抛光剂以及手印等
一般清洗	(1) 用干净的白布蘸清洗剂擦洗待涂的汽车表面及其周围 (2) 在汽车待涂装表面未干时，用清洁的白布擦干。注意随时更换干净的擦布
清洗硅酮类化合物	(1) 用干净的白布蘸清洗剂擦洗待涂的表面，如有必要，用溶剂擦洗，然后用清洁的白布擦干 (2) 用500号或600号砂纸打磨表面 (3) 再次用干净的白布蘸溶剂擦洗表面，然后用干净的白布擦干
提　　示	硅酮抛光剂及石蜡是在车身表面抛光处理时，在表面形成的一层残留覆盖层。在对板件进行修补作业时，一定要将待涂表面上的这一覆盖层清除掉，否则会影响涂料的吸附能力

2. 鉴别涂料

鉴别车身钣金件上的涂料类别在重涂工艺中是非常重要的。如果没有正确鉴别涂膜，那么在施涂面漆时会出现严重的问题。例如，准备修理的车身钣金件以前是用硝基漆修理的。那么在中涂底漆或面漆中所含有的稀释剂就会透入以前施涂的硝基漆，会引致涂装了的表面产生皱纹（收缩）。为了防止发生此类问题，在处理底材时必须先正确鉴别涂料的类型。

表1-1-29叙述了鉴别涂料的方法和标准。

表1-1-29　叙述鉴别涂料

名　称	说　明	图　示
鉴别方法	一般说来，当棉纱浸入硝基稀释剂，并且在涂装表面上摩擦时，擦不掉的涂料便是烘烤型或聚氨甲酸酯型，而可擦到布上的涂料则是硝基型。虽然聚氨甲酸酯和烘烤涂料通常不受溶剂的影响，但是如果涂层固化不足，或者涂层变质，那么它们在受到摩擦时也会有些掉色或褪色	

鉴别标准	涂料类型	对硝基稀释剂的反应
	热固性氨基酸醇酸	不溶解
	热固性丙烯酸	不溶解
	丙烯酸聚氨酯	不溶解
	CAB丙烯酸清漆	溶解
	NC丙烯酸清漆	溶解

3. 损坏程度评估

正确地评估损坏程度，是确定维修成本，保证涂装质量的关键因素之一。对损坏进行了正确的评估后，才能确定实修范围，从而确定各道处理工序的范围、确定过渡区域、需遮盖保护的部位需拆卸的零件等。为后续工序的正确实施及保证修补质量奠定基础。评估损坏的程度的方法有目测、触摸和用直尺评估。

表1-1-30叙述了损坏程度的评估。

表 1-1-30　损坏程度评估

名　称	方　法	图　示
目测评估	利用光线照射钣金件,检查光的反射,以评估损坏的程度及受影响的面积的大小。稍微改变人的眼睛相对于钣金件的位置,即可看到微小的变形	
触摸评估	戴上手套(最好为棉质),从各个方向触摸受损的区域,但不要用力。触摸时要将注意力集中在手掌上的感觉。为了能准确地找到受影响区域的不平整部分,手的移动范围要大些,要包括没有被损坏的区域,而不是只触摸被损坏的部分。此外,有些损坏的区域,手在向某个方向移动时,可能比向另一个方向移动时更易感觉到	
用直尺评估	将一把直尺放在车身另一边没有被损坏的区域上,检查车身和直尺间的间隙;然后将直尺放在被损坏的车身钣金件上,评估被损坏的和未被损坏的车身板之间的间隙	车身钣金件　车身钣金件　直尺　直尺
提　示	如果在用直尺评估时,损坏件有凸出部分,将影响评估操作,此时可用冲子或鸭嘴锤,将凸起的区域敲平或稍稍低于正常表面	冲子　鸭嘴锤　原始表面　凸出部分

4. 清除旧漆

汽车清洗好后,要仔细检查车身漆面,寻找漆膜破损迹象,如气泡、龟裂、脱落、锈蚀以及在焊补、气焊等修理过程中引起的部分损坏。对于上述破损,必须将旧漆膜清除掉,清除程度可根据旧漆膜的损坏程度和重新涂装后的质量要求,进行全部和部分清除。对部分清除的,可将损坏部位及四周损伤的漆膜用铲刀除去,铲除旧漆豁口四周要铲成坡口,有利于刮涂腻子时接口的过渡。旧漆清除有手工除漆法、打磨机除漆法及化学除漆法。

1）手工除漆

表 1-1-31 叙述了手工除漆。

表 1-1-31　手工除漆

名　称	方　法	图　示
手工除漆	就是用铲刀、砂纸等把旧漆膜除掉，并用砂纸、钢丝刷将铲后留在表面的涂漆、粗糙口子打磨干净	
用铲刀铲除旧漆	铲刀有不同的形状，用于旧漆膜有剥离或裂纹处，以刀尖部插入剥离层间或缝隙处可以一块一块地铲掉旧漆膜	塑料柄　不锈钢刃　铲刀
	对于黏接较实的旧漆或凹槽、拐角等特殊部位，可配合使用其他手工工具清除	尖尾锤　粗锉刀　毛刺刮刀　钢丝刷　刮铲
加热法除旧漆	加热法除旧漆就是利用火焰（或烤灯）的高温使旧漆膜软化或碳化（烧焦）从而配合铲刀等工具清除旧漆的一种方法 缺点： 如果加热温度过高，板件会产生热变形，从而产生不良后果。所以使用中一定注意控制加热温度，必要时可采用多层多次清除	
砂纸打磨除旧漆	对于轻度损伤的漆面，可以用砂纸直接打磨 砂纸在构造上是利用附着剂将磨粒黏结到一块柔性或半刚性的背衬上。车身修理人员必须选择合适的砂纸并正确使用才能获得最佳的打磨效果、材料利用效率和最好的表面涂层效果 砂纸的形状有矩形和圆盘形两种，前者多用于手工打磨，后者则用于机械打磨 砂纸的品种和型号较多，砂纸以磨料的粒度代码表示。数码越小，磨料越粗。磨料粒度不同，用途不同 砂纸有水砂纸和干砂纸之分。干砂纸不耐水，只能用于干法打磨	

续表

名　称	方　法	图　示
砂纸的握法	在没有打磨块只用砂纸情况下,比较常用的握法是: (1) 将砂纸夹在拇指和手掌之间,手平放于表面上,这是一种最自然的握法。如图(a)所示 (2) 将砂纸夹在小指和无名指之间,再将手平放于表面上,如图(b)所示 (3) 多数油漆工则是综合了上述两种握法,也就是说,将砂纸用拇指和小指握住进行打磨	 (a)　　　　(b)
打磨时的力度	(1) 尽量轻地握住砂纸 (2) 避免用力压砂纸 (3) 打磨时用的力度和洗车时差不多 (4) 打磨时施加于表面的压力仅仅限于手掌的重量 (5) 有时还必须经常改变打磨姿势,以适应不同部位表面结构	

2) 化学除漆

大面积旧涂膜需要清除时,采用机械法既费时间,又会引起变形,改用化学除漆法较为适宜。

表1-1-32叙述了化学除漆方法。

表1-1-32　化学除漆

名　称	方　法	图　示
脱漆剂的选用	化学除漆法就是使用脱漆剂清除旧涂膜。一般汽车修理厂直接在市场上购买出售的脱漆剂使用。脱漆剂是依靠物理化学作用清除旧漆膜,不同的漆膜要采用不同的脱漆剂。图中为国外部分脱漆剂及使用范围 国内各油漆厂也有各种型号的脱漆剂供应。如T-1,主要使用于油性漆、酯胶、酚醛等低档涂料;T-2主要适用于油性漆、醇酸树脂涂料、硝基涂料;T-3与T-2适用范围相同,效果优于T-2。如果暂时买不到脱漆剂,可按表配方自制	国外部分脱漆剂牌号及应用 见下表

国外部分脱漆剂牌号及应用

生产厂	产品牌号	适用油漆品种
DuPont	3907-S 5662-S	热塑性丙烯酸 热塑性丙烯酸
BAST R-M	830 817 815	热塑性丙烯酸 热塑性丙烯酸 丙烯酸,聚氨酯,醇酸磁漆
Sherwin-Williams	RTK210 V3K-168 V3K-773	热塑性丙烯酸 丙烯酸,聚氨酯,醇酸磁漆 丙烯酸,聚氨酯,醇酸磁漆
Mnrlia-Senour	6801 6803 6805	丙烯酸,聚氨酯,醇酸磁漆 丙烯酸,聚氨酯,醇酸磁漆 热塑性丙烯酸
PPG	DX-525	丙烯酸,聚氨酯,醇酸磁漆

国内常用脱漆剂配方

1号溶液 成分名称	百分比(%)	2号溶液 成分名称	百分比(%)	3号溶液 成分名称	百分比(%)
石蜡	10	丙酮	20	石蜡	6
甲醇	30	酒精	35	苯	52
丙酮	25	石脑油溶剂	35	甲醇	42
苯	20	苛性钠	10		
四氯化碳	15				

笔 记

名　称	方　法	图　示
使用脱漆剂时一定要注意	(1) 进行脱漆操作的工作间必须通风良好 (2) 务必避免长时间呼吸脱漆剂的蒸气,尽量避免脱漆剂与皮肤、眼睛直接接触 (3) 如皮肤偶然接触到脱漆剂,应尽快用清水反复清洗。如果脱漆剂偶然溅到眼睛内,则尽快用清水冲洗,并根据具体情况送医院处理 (4) 避免脱漆剂与热气接触,因为遇热脱漆剂就可能产生有毒蒸气 (5) 储存时注意密封	
脱漆操作方法	(1) 按照要求把地板遮盖起来,旧报纸是最合适的遮盖材料。最好用两层保险一些,一层保护地板,第二层用来接脱下来的油漆。脏了就把它清理掉,再铺上新的报纸 (2) 准备好所有的工具和设备 (3) 按照要求用不干胶带把车身上必须遮盖的部位都粘贴起来,如发动机前盖以及车门的缝隙、标牌板、车身两边的模塑料等 (4) 在大小合适的小桶内装入脱漆剂,用 100mm 宽的刷子蘸脱漆剂刷到待处理表面上,尽快用刷子把它刷展开。注意:一定不要再刷第二遍 (5) 按照说明的要求,放置 7～10min (6) 7～10min 以后,漆膜已经发胀变软,毫无强度,可以用扫帚扫掉。具体方法是:对水平部位,如车顶、发动机盖、行李箱盖等的除漆,既可用扫帚和簸箕清扫,也可用报纸擦;对垂直部位如车身两侧的除漆,利用漆膜本身的自重,让溶胀了的涂料自行落下或扫除,在地面上铺好报纸 (7) 如果车辆已经过数次修补,表面涂层较厚,则可涂两道脱漆剂 (8) 色漆脱掉以后,用稀释剂反复清洗表面。当稀释剂尚未完全挥发时,用干净的抹布将表面擦拭干净。每次擦拭的区域不要太大,大约 5cm×5cm 左右就可以。所擦拭的每个区域之间要有一定的重叠覆盖,以免漏掉某处表面 (9) 清理地面上所铺的报纸,撕掉车身上的保护胶带。对于涂层为本色漆的车辆,最好用 80# 或 120# 砂纸打磨曾经粘贴有不干胶带的表面。对于涂层为清漆的车辆,最好用泡沫塑料或海绵蘸清漆稀释剂仔细擦洗干净 (10) 用清洗溶剂再次将整车擦洗一遍,以清除蜡的痕迹	

5. 底漆施涂

底漆是底涂层中直接与金属板面接触并附着在其上的涂层。对所有的待修表面,涂底漆是车身表面涂层修补工艺的一道必不可少的工序,在实际操作过程中往往容易被人们忽视。涂底漆可以刷涂,也可以喷涂。其作用是保护裸露金属面。

1) 除锈

通常把在金属表面生成的氧化物和氢氧化物称为锈。涂装前必须把锈蚀除去,否则会影响涂层的附着力、装饰性和使用寿命。常用除锈方法有手工除锈、机械除锈和化学除锈3种。

表1-1-33叙述了除锈方法。

表1-1-33　除锈方法

名　称	方　法	图　示
手工除锈	使用铲刀除锈时,先将泥土扫干净,手持铲刀中腰部,刀柄与工作物面成30°~40°,刀口向前推进,可将锈层铲净,操作如图所示 使用刮刀除锈时,由前向后着力拉刮,两手用力要均衡或一手压住刮刀前端,一手往后拉刮,操作如图所示 夹缝或坑眼的点锈、锈块或电焊渣,可用尖头或扁嘴平头铁锤锤锈,操作如图所示 锈层、锈块和麻点经过铲刀等工具处理后可用钢丝刷横竖交叉刷几遍,操作如图所示。钢丝刷采用28~30号钢丝,不要使用粗钢丝刷。用钢丝刷刷过后,用布擦净除锈灰或用压缩空气吹净即可	 人工铲锈姿势示意图 铁锤锤锈示意图 手握刮刀姿势示意图 钢丝刷交叉除锈方法示意图
机械除锈	机械除锈主要分为电(气)动工具除锈和喷砂除锈两种 (1) 电(气)动工具除锈是目前修理企业使用较多的一种方法。手提式电动砂轮、电动刷轮、风动刷适用于焊缝锐边和有凸凹的平面除锈,带针束的风动除锈轮适用于弯曲、狭窄、凹凸不平的表面和角缝处除锈 (2) 喷砂除锈不仅可除锈层,而且由于砂粒的冲击摩擦,可使金属表面形成带有微孔粗糙不平的表面,可以增强涂层与金属表面之间的附着力,从而延长了涂层的使用寿命。喷砂有干喷砂和湿喷砂两种方法	

笔记

名　　称	方　　法	图　　示
化学除锈	化学除锈通常指酸洗法,就是在金属表面涂抹酸液或把金属浸入酸液中,使金属表面附着的氧化物和氢化物经过化学反应,溶解于酸溶液中,从而除去锈蚀的一种方法。酸洗法与前面介绍的几种除锈法相比,不会使金属变形或在表面产生破坏,金属每个角落的锈蚀都能完全除去,特别适用于形状复杂的表面、缝隙或凹凸处,且劳动强度小,效率比较高。但酸洗后如处理不当,会使金属腐蚀,给以后的工序带来不良的影响 汽车车身主要由钢铁构成,钢铁表面的氧化铁层直接与酸液接触发生化学反应而被溶解。酸液也可以从氧化铁皮的裂缝处浸透到基体金属,铁与酸发生化学反应产生氢气,氢气压力使氧化皮剥落,加速除锈,但同时也腐蚀了金属。氢气中的一部分容易被铁吸收,在铁表面组织内,氢原子迅速扩散,其结果引起铁皮脆化,有减弱钢铁机械性能的作用,同时还有一部分氢气从酸液中逸出形成酸雾,造成环境污染。为了防止这 3 种情况发生而又不影响除锈的效率,必须加入一定的抑制剂和湿润剂。抑制剂不会减弱酸除锈的能力,只会抑制酸与铁的反应,而且能使酸的除锈能力提高。抑制剂有无机和有机两类。后者抑制效果和稳定性好,如苯胺、吡啶、哇林、甲醛、硫脲、明胶等,一般多数含有氧、氮、硫,用量为 1% 以下。湿润剂是一种表面活性剂,能缩短除锈时间,提高酸洗效果。常用的有烷基或丙烯基磺酸盐、烷基萘磺酸盐、高级醇硫酸酯等,用量为 0.1%~0.5% 锈蚀酸洗后,应立即用清水或苏打水冲洗,然后擦拭干净,否则又会马上生锈。最好立即涂抹磷化处理液(比如磷酸二氢盐溶液)后再冲洗	
化学除锈的注意事项	(1) 在操作过程中要注意安全,防止溶液飞溅到皮肤和衣物上 (2) 工作时要穿耐酸工作服、戴橡胶手套,以防烧伤 (3) 除锈过程中的各工序必须连续进行,中间不可间断,否则会影响除锈的质量和效果 (4) 溶液的配方比例应严格控制,使用过程中水分会逐渐挥发,因此应随时加水调整 (5) 若配比不当,会造成被处理件出现腐蚀等事故,因此应定期对槽液进行化验分析并随时调整比例 (6) 尤其需按要求严格控制温度和时间,并随时调整 (7) 遵守工艺制度。经热溶液处理的工件取出后应先用热水冲洗,再用冷水冲洗;相反,经常温酸洗的处理件,取出后应先用冷水冲洗再用热水冲洗 (8) 冲洗必须干净,使金属表面无残液,否则会出现锈蚀 (9) 结构受力件酸洗后产生的氢脆,可经 140℃烘烤保温 1h 脱氢来消除	

2) 底漆

底漆直接涂布于物体表面的打底涂料称为底漆。底漆是被涂物面与涂层之间的黏结层,以使之上的各涂层可以牢固地结合并覆盖在被涂物体上。同时,底漆在钢铁表面形成干膜后,可以隔绝或阻止钢铁表面与空气、水分及其他腐蚀介质的直接接触,起到缓蚀保护作用。一旦面漆层被破坏,钢铁也不至于很快生锈。

(1) 底漆种类。

表1-1-34叙述了底漆的种类。

表1-1-34　底漆种类

名　称	说　明
环氧树脂底漆	环氧树脂底漆简称环氧底漆,是物理隔绝防腐底漆的代表。环氧树脂是线型的高聚物,以环氧丙烷和二酚基丙烷缩聚而成。它具有极强的黏结力和附着力,良好的韧性和优良的耐化学性 优点: (1) 附着力极强,对金属、木材、玻璃、塑料、陶瓷、纺织物等都有很好的附着力和黏结力 (2) 涂膜韧性好,耐挠曲,且硬度比较高 (3) 耐化学品性优良,尤其是耐碱性更为突出。因为环氧树脂的分子结构内含有醚键,而醚键在化学上是最稳定的,所以对水、溶剂、酸、碱和其他化学品都有良好的抵抗力 (4) 良好的电绝缘性、耐久性、耐热性良好 缺点: 表面粉化较快,这也是它主要用于底层涂料的原因之一。环氧底漆使用胺类作为固化剂,胺类对人体和皮肤有一定的刺激性,因此在使用时要加以注意
洗涤底漆	洗涤底漆亦称侵蚀底漆,其主要组分为聚乙烯醇缩丁醛树脂和防锈的铬酸锌颜料,并在其中加入主要由磷酸制成的硬化剂。它直接施涂到裸金属上,在裸金属表面上形成化学转换涂层。它可以改进底材的防锈能力,并且能提高下一涂层的附着力。虽然有单组分类型的,但是双组分类型的可以提供更佳的防锈和附着特性
硝基底漆	硝基底漆主要由硝酸纤维和醇酸树脂组成,不过其防锈和附着特性不如双组分类底漆那么强
氨基甲酸酯底漆	这是一种双组分类底漆,主要由醇酸树脂组成,用聚异氰酸脂作为硬化剂。它的防锈及附着特性极好

(2) 底漆施涂。

表1-1-35叙述了底漆的施涂。

表1-1-35　底漆施涂

名　称	说　明	图　示
底漆施涂	在裸露金属区域施涂底漆,以防止其生锈和增加附着力 (1) 裸金属区域的遮蔽 (2) 按涂料制造商要求混合 (3) 喷涂一薄层3~5μm (4) 空气干燥10min (5) 除去遮蔽材料	

五、检验评估

检验与评价内容	检 验 指 标	权重	自评	互评	总评
维修质量检验	(1) 表面清洁,能为后续工序做好准备 (2) 会损伤评估,并能熟练使用专业工具 (3) 合理地清除旧漆并且除油方法正确 (4) 喷枪操作顺畅,能分解和组装喷枪 (5) 能根据厂家要求按比例调配底漆并能施涂底漆 (6) 喷涂底漆均匀、无露底、无流挂现象,预打磨质量合格				
检查任务完成情况	(1) 能描述清洗的作用 (2) 能描述损伤评估的目的 (3) 能描述专业工具的使用 (4) 能描述底漆的作用 (5) 能描述专业工具的日常维护				
职业素养	(1) 学习态度:积极主动参与学习 (2) 团队合作:与小组成员一起分工合作,不影响学习进度 (3) 现场管理:服从工位安排、执行实训室"5S"管理规定				
综合评议与建议					

六、项目拓展

项目拓展

想一想:

1. 涂装前底材预处理完成后,该做什么工作?

2. 中间涂层的涂装应如何实施?

任务 1.2　汽车车门金属件中间涂层涂装

任务描述	汽车车门经涂装表面预处理后进入中间涂层涂装
任务目标	1. 能按施涂中间涂层的工艺流程实施作业 2. 掌握腻子的调和、腻子刮涂、腻子打磨、中涂底漆的施涂操作工艺 3. 会刮刀和干磨机的使用 4. 会刮刀和干磨机的日常维护

一、信息收集与处理

按表 1-2-1 完成任务 1.2 的信息收集与处理。

表 1-2-1 信息收集与处理

腻子   腻子固化剂   方形磨头   圆形磨头   方形砂纸   圆形砂纸

序号	项目名称	作 用
1		
2		
3		
4		
5		

1. 腻子的种类:_____;

2. 腻子的作用:_____;

3. 中涂底漆的种类:_____;

4. 中涂底漆的作用:_____。

1. 砂纸

砂纸在构造上是利用附着剂将磨粒黏结到一张柔性或半刚性的背衬上。车身修理人员必须选择合适的砂纸并正确使用才能获得最佳的打磨效果、材料利用效率和最好的表面涂层效果。

砂纸有水砂纸和干砂纸之分。干砂纸不耐水,只能用于干法打磨,一般与打磨机配套的砂纸多为干砂纸。水砂纸由醇酸树脂、醇酸调和清漆等水砂纸专用漆料将一定粒度的磨料粘着在浸过桐油的纸上而成,是汽车修理行业最常用的砂纸,主要特点是耐水,打磨时通常要蘸水或溶剂进行湿打磨,由于水砂纸的磨料无尖锐的棱角,不会在平整金属表面留下明显的打磨痕迹。水砂纸也可作干磨使用。

砂纸的形状有矩形和圆盘形两种,前者多用于手工打磨,后者则用于机械打磨。常用砂纸所采用的磨料有金刚砂和氧化铝颗粒,还有新开发的锆、铝磨料。

表 1-2-2 叙述了砂纸的品种和规格。

表 1 - 2 - 2　砂纸品种和规格

名　　称	说　　明	图　　片
矩形砂纸	多用于手工打磨	
圆盘形砂纸	多用于机械打磨	
金刚砂磨料	用金刚砂制成的砂纸和磨盘是用来打磨薄边或干磨各种柔软材料的,如打磨旧漆层、玻璃纤维和原子灰(腻子)等。金刚砂是一种尖锐的颗粒,适合于快速磨削,但用来打磨坚硬表面时,磨粒很容易崩脱或变钝	
氧化铝磨料	氧化铝的楔形磨粒非常坚固,不易被折断且不至于很快磨钝。氧化铝磨料适用于打磨受损金属,除去旧漆层或为塑料填充剂整形。一般用作磨料的氧化铝按其自身的颜色区分用途,红褐色用于金属打磨抛光,经过处理成白色的氧化铝用于清除旧漆	
氧化锆磨料	由氧化铝和氧化锆构成的磨料有独特的自动磨锐性能,与传统磨料相比,效率更高、寿命更长。此外,此类磨料打磨时产生的热量较少,特别适合于清除制造厂涂敷的光亮层漆面。自动磨锐性使得打磨时所需的压力较小,减轻了劳动强度,在汽车修理和重新喷漆中使用越来越广泛	

　　砂纸的品种和型号较多,砂纸以磨料的粒度代码表示。数码越小,磨料越粗。磨料粒度不同,用途不同。

　　按逐步的方式选用砂纸的筛目数也是很重要的,下面为各种筛目数的砂纸的应用实例。

| 清除涂料 | | 打磨聚酯腻子 | | | | 清除砂纸痕 | | 打磨中涂底漆 | |

```
┌──────┐   ┌──────┐   ┌──────┐   ┌──────┐   ┌──────┐   ┌──────┐
│ 60#  │──▶│ 80 # │──▶│ 120# │──▶│ 240# │──▶│ 320# │──▶│ 600# │
└──────┘   └──────┘   └──────┘   └──────┘   └──────┘   └──────┘
```

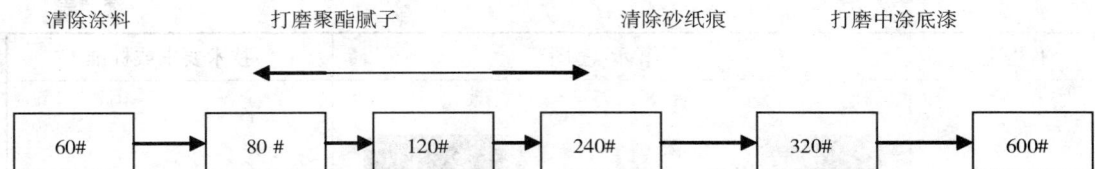

2. 手工打磨垫块

手工打磨垫块也称为磨垫、磨板,一般用木材或橡胶制成,一般具有平坦的表面,或根据工件的形状制成特别的形状。木材和硬胶制的磨块配合适当的砂纸,用于打磨平度较高的位置,而胶制磨块则用于打磨圆拱位置及油漆表面。厂商供应的磨块一般一面为硬面一面为软面,以满足不同的需要。

表 1-2-3 叙述了手工打磨垫块。

表 1-2-3 手工打磨垫块

名　　称	说　　明	图　片
手工打磨垫块	对于平整表面,应尽量采用磨块进行打磨 (1) 将砂纸裁成适合磨块的尺寸 (2) 将砂纸平贴于磨块下面,两边多出的部分向上折贴靠到磨块边缘以便用手握住 (3) 将磨块平放于打磨表面,前后及左右移动 (4) 打磨时,磨块须保持平移,用力要适当	

二、制订维修计划

表 1-2-4 叙述了制订汽车车门(金属件)中间涂层的涂装计划。

表 1-2-4 制订汽车车门(金属件)中间涂层涂装计划

1. 汽车车门经涂装表面预处理后进入中间涂层涂装
2. 查阅相关资料,中间涂层涂装有腻子调和、腻子刮涂、腻子打磨、中涂底漆施涂等

工艺流程	操 作 示 意 图	技术要求或标准
1. 腻子调和		正确调配和均匀搅拌

笔记

工艺流程	操 作 示 意 图	技术要求或标准
2. 腻子刮涂		光滑平整
3. 腻子打磨		平滑
4. 中涂底漆施涂		厚度均匀、没流挂现象等

三、实施维修作业

1. 腻子施涂

腻子是一种浆糊状面漆下涂层,用于填补深的凹穴,以产生一个平滑的表面。有着不同类型的腻子,按需填补的凹陷的深度和所用的材料选用。通常用刮刀施涂厚涂层来填补凹穴,然后用打磨工序来磨平。

1) 腻子种类

表1-2-5叙述了腻子的种类。

表1-2-5 腻子种类

名 称	说 明
聚酯腻子	这是一种双组分类腻子,主要由环氧树脂组成;使用有机过氧化物作为固化剂。不同的供应商销售不同类型的腻子,以满足不同应用的要求。此类腻子一般均含有体质颜料,可以施涂成厚涂层,并且容易打磨,但是可能会产生粗糙的纹理
环氧腻子	这是一种双组分类腻子,主要由环氧树脂组成,使用胺作为固化剂。由于环氧腻子的防锈力及附着力极好,常常用于修理树脂零件。对于固化、成形和打磨特性,该材料不及聚酯腻子
硝基腻子	这是一种单组分腻子,主要由硝酸纤维和醇酸或丙烯酸树脂组成。主要用于填补划痕、针孔或者是在中涂底漆施涂以后留下的浅的凹穴

2) 腻子的选择

表1-2-6叙述了腻子的选择。

表1-2-6 腻子的选择

一是要求与金属和旧涂膜的附着性能好。 二是要求耐热性,要能在120℃条件下,承受30min以上,也不产生起层、开裂、气泡等现象 三是腻子的施工作业性能,刮腻子后要求30min左右就能进行打磨,腻子的刮涂和打磨作业性能好 如果打磨性能差,会使作业时间变长、操作者疲劳,既难以保证表面打磨质量,砂纸的消耗量也会增加。这些时间和材料的浪费,都将直接导致经济性下降

3) 腻子调和

表1-2-7叙述了腻子的调和方法。

表1-2-7 腻子调和

名 称	说 明	图 片
取腻子	腻子装在罐中的时候,其各种成分如溶剂、树脂及颜料分离。由于腻子不可以这种分离的形态使用,故在倒出罐子以前,必须彻底混合。腻子罐每次用后必须盖好,以防溶剂蒸发。如果溶剂蒸发了,要向罐中倒入专用的溶剂	

笔记

续表

名　称	说　明	图　片
取固化剂	固化剂装在软管子中,其各种成分如溶剂、树脂及颜料分离。固化剂不可以这种分离的形态使用,故要充分挤压装固化剂的胶管,使管中的固化剂在使用前充分混合	硬化剂
腻子的调和操作	将适量的腻子基料放在混合板上。然后按规定的混合比添加一定量的固化剂。一般是以 100∶2～100∶3 的比例拌和。若固化剂过多,干燥后会裂;如果固化剂过少,就难以固化干燥。现在的腻子是将主剂和固化剂采用不同的颜色相区别,通过其混合后的颜色来判断其混合比。腻子主剂与固化剂拌和时,固化剂的容许量有一定范围,可以随气温的变化以适当调整,具体数值应以产品说明书为准	
	(1) 混合板	（主要成分）
	(2) 使用刮刀的尖端舀起固化剂,并将它放在腻子上	刮刀
	(3) 使用刮刀的尖端,将固化剂均匀地散布在腻子基料的整个表面上	

续表

名 称	说 明	图 片
腻子的调和操作	(4) 抓住刮刀,轻轻提起其端头。再将它插入腻子下面。然后将它向混合板的左侧提起	
	(5) 在刮刀舀起大约 1/3 腻子以后,利用刮刀右边为支点。将刮刀翻转	
	(6) 将刮刀基本上与混合板持平,并将其向下压。一定要将刮刀在混合板上刮削,不要让腻子留在刮刀上	
	(7) 拿住刮刀,稍稍提起其端头,并且将在第(6)步中在混合板上混合的腻子全部舀起	
	(8) 将腻子翻转,翻的方向与第(5)步中的相反	
	(9) 与第(6)步相似,将刮刀基本上与混合板持平,并将它向下压,从第(4)步起重复	
	在进行第(4)至第(9)各步骤时,腻子往往向上朝混合板的顶部移动 在腻子延展至混合板的边缘时,舀起全部腻子,并且将它向混合板的底部翻转,重复第(4)至(9)步,直至腻子充分混合 提示: 在开始混合以前,不要加固化剂,并学习如何移动刮刀	

提示：

一次不要取出太多的腻子进行调和，因为调和后的腻子会很快固化，如果还没抹到规定部位即已固化，则调和的腻子便不能再用，造成浪费。

腻子有可用时间的限制。所谓可用时间是指主剂和固化剂混合后，保持不硬化，能进行刮涂的时间。通常在20℃条件下，可以保持5min左右。因此应根据拌和所需时间和刮涂所需时间，决定一次拌和的量。如果总是拌和不好，反复长时间拌和，超过可用时间（或留给涂抹的时间过短），就会使其固化而不能使用，因此拌和的关键是速度要快，动作要熟练。

是否拌和良好，主要可通过混合物的颜色是否均匀来定。如果拌和不良，就会引起固化不良和附着不良等问题。有的腻子随季节不同，固化剂的配合比要变化，应根据产品说明书要求去做。

4）腻子施涂

表1-2-8叙述了腻子的施涂过程。

表1-2-8　腻子施涂

名　称	说　明	图　片
如何拿刮刀	虽然拿刮刀的方法没有特别的规定，但是如图所示常为用右手的人控制刮刀的有效方法	
腻子基本施涂法	一次不要施涂过量的腻子。根据要施涂的面积的位置和形状，腻子最好分几次施涂 （1）第一次时，将刮刀拿得几乎垂直，并且将腻子刮在工件表面上，施涂一薄层，以确保腻子透入哪怕是最小的划痕和针孔，从而增大附着力 （2）在第二和第三次，将刮刀倾斜大约35°～45°，腻子施涂的量要略多于所需要的量。在每一次施涂以后，都要逐步扩大腻子施涂的面积。在边缘上一定要涂得薄，形成斜坡，不要产生厚边 （3）在最后一次施涂时，刮刀要拿得与工件表面基本持平，使表面平整 当将腻子留在刮刀上时，只能用刮刀的中间部分。如果刮刀的整个宽度范围全都用来舀腻子，那么腻子在施涂的过程中就会慢慢漏出，沿途产生台阶（刮刀印）	

名　称	说　明	图　片
向平面施涂腻子	(1) 将腻子薄薄地施涂在整个表面上	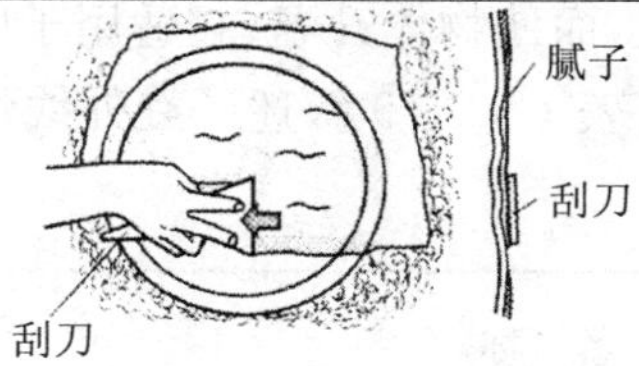
	(2) 为了最大限度地减少在后续打磨工序中所要求的用力。施涂第二层腻子时边缘不要厚。如果刮刀处于图中所示的位置时,用食指向刮刀的顶部施力,以便在顶部涂一薄层	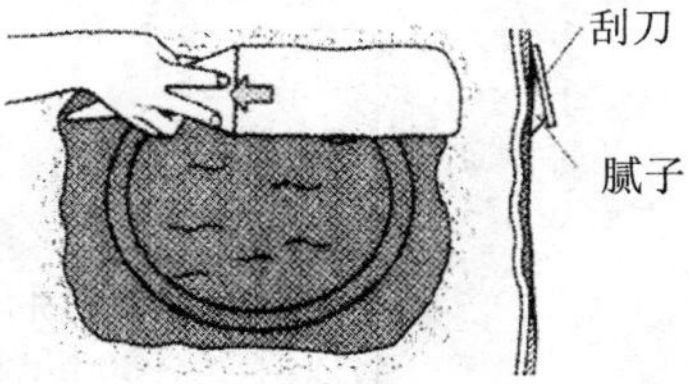
	(3) 在下一道施涂腻子时,要与在第(1)步中覆盖的第一部分稍稍重叠。为了在这一道开始时涂一薄层,要用一点力将刮刀抵压在工件表面上。然后,释放压力,同时滑动刮刀。此外,在施涂结束时,要向刮刀施一点力,以便涂一薄层	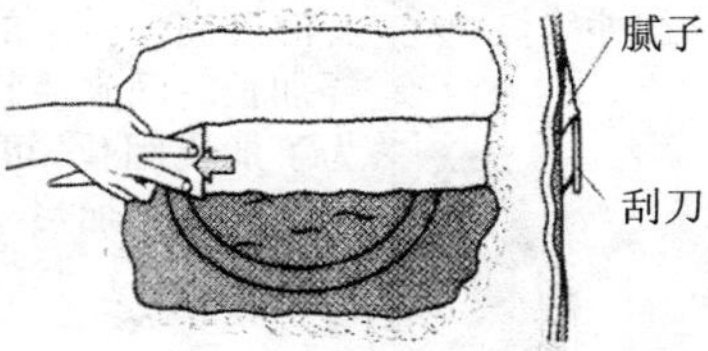
	(4) 重复第(3)步,直至在整个表面上施涂的腻子达到所要求的分量	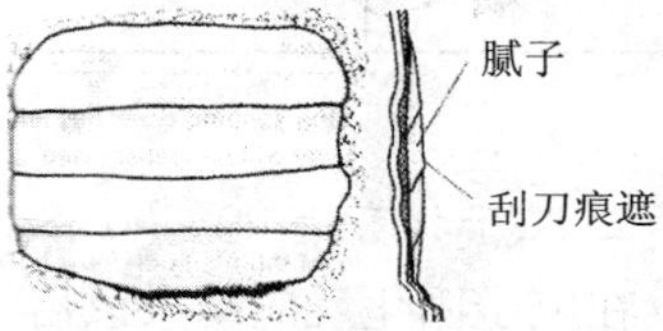
提　示	(1) 如果刮刀在各道施涂中仅向一个方向移动,那么腻子高点的中心将会移动。如果发生这种情况就很难打磨,所以刮刀在最后一道中必须反向移动,以使腻子高点移回中央 (2) 腻子必须比原来的表面高。但是,最好只能略微高一点,因为如果太高了,那么在打磨过程中就要花许多时间和力气来消除多余的材料 (3) 腻子施涂在工件表面上的范围必须以在磨缘过程中所留下的打磨划痕为限。如果没有打磨划痕,腻子就粘不牢,日后可能剥落 (4) 如果在施涂腻子中花费时间太多,那么腻子可能在该道施涂完成前已固化,这时可能需要从头再来一次:一般说来,腻子必须在混合以后大约3min以内施涂 (5) 刮刀在使用以后,要立即用清洗稀释剂冲洗。如果听任腻子干固在刮刀上,刮刀就不能再用了 (6) 腻子在固化中会产生热量。如果遗留在混合板上的腻子在腻子施涂工作以后立即放在垃圾筒里,那么腻子产生的热量可能足以点燃易燃物品。因此,一定要确认腻子已经凉透了,才能将其弃置	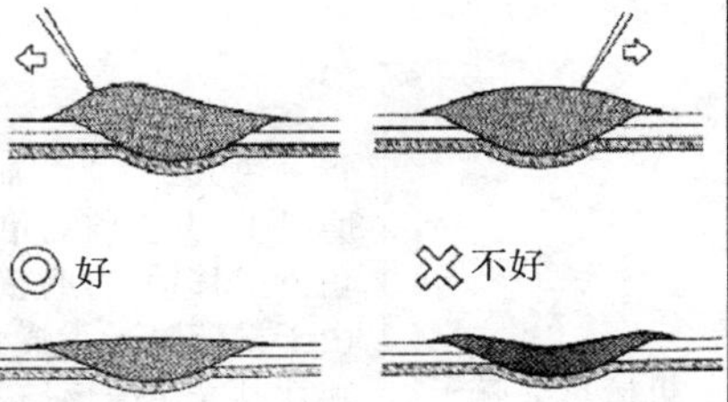

5）红外线灯干燥腻子

红外线烤灯是一种可移动式的、方便的、小工件烤干设备,依靠被照物吸收光能转换成热能,而使物体升温,它适用于所有可加热固化的涂料的烘干和干燥工序。

表1-2-9叙述了红外线灯干燥腻子。

表1-2-9 红外线灯干燥腻子

名　　称	说　　明	图　　片
红外线灯	新施涂的腻子会由于其自己的反应热而变热,从而加速固化反应。一般说来,在施涂以后20~30min即可打磨。如果气温低,或者湿度高。腻子的内部反应速度降低,从而要加长时间来使腻子固化 为了加快固化,可以另外加热,如用红外线灯或干燥机加热	

2. 腻子打磨

在腻子固化反应结束以后,不需要的高点可以用打磨机或手工打磨垫块清除。虽然双作用打磨机也可以用,但是我们认为轨道式打磨机最常用于腻子打磨。

表1-2-10叙述了腻子的打磨。

表1-2-10 腻子打磨

名　　称	说　　明	图　　片
机械打磨腻子	将一块大约80♯筛目数的砂纸装到打磨机上,并且将打磨机按前后、左右、对角方式移动,打磨整个表面 由于聚酯腻子干燥会产生热量,所以必须让其完全凉透后才打磨 不要一次打磨整个面,要先用手或直尺检查整个表面。为了防止在周围的涂料中产生深的划痕,打磨区限制在施涂的腻子区	

续 表

名 称	说 明	图 片
手工打磨腻子	将一片大约120♯筛目数砂纸装到手工打磨垫块上。一边用触摸的方法检查表面,一面仔细打磨表面 用120♯筛目数砂纸轻轻打磨腻子区以外的地方,以调整高度偏差	
清除砂纸划痕	将大约300♯筛目数砂纸装到手工打磨垫块上,清除表面上的打磨划痕。打磨的面积要略大于前次打磨的面积,以清除200♯筛目数砂纸留下的打磨划痕。腻子的周围应有轻微的磨缘 提示: 当打磨微粒沾到砂纸上时。要清除微粒,以保持最佳的打磨状况并重复检查表面状况	
重新施涂腻子	如果腻子表面打磨过度,以致低于正常表面,那么必须重新施涂腻子,然后干燥再打磨 施涂一薄层,以均匀地覆盖整个腻子表面,因为如果只填低点,那么正常的表面将会在打磨中被损坏	

3. 中涂底漆施涂

中涂底漆是施涂在底漆、腻子或其他面漆下涂层上的第二层漆。

在腻子施涂完成并取得良好结果以后,表面必须经过一个中涂底漆工序,该工序包括表面修饰、清除打磨划痕、防锈及封闭,以增进面漆的附着力。

1）中涂底漆种类

表1-2-11叙述了中涂底漆的种类。

表1-2-11　中涂底漆种类

名　称	说　明
硝基中涂底漆	是单组分二道底漆,主要由硝酸纤维和醇酸或丙烯酸树脂组成。由于快干、使用简便,所以它获得广泛使用。但是,该材料的涂装特性不及其他二道底漆
氨基甲酸中涂底漆	是一种双组分类二道底漆,主要由聚酯、丙烯酸和醇酸树脂组成,使用聚异氰酸酯作为硬化剂。虽然它的涂装性能极好,但是它干燥得慢,需要在大约60℃的温度下进行强制干燥。人们广泛认为,二道底漆干燥得越快,其涂装性能越差
热固性氨基醇酸中涂底漆	是单组分类二道底漆,主要由三聚氰胺或醇酸树脂组成,在施涂烘烤面漆以前用作底漆。它要求在90～120℃的温度下进行烘烤,但是其涂装性能与新车一样
作用	（1）填充浅的凹穴或纸划痕 （2）防止面漆吸收 （3）增进面漆下涂层和面漆之间的附着
提示	当与前述底漆联用时,要遵循各自制造商的指示

2）常用中涂底漆性能表

表1-2-12叙述了常用中涂底漆的性能。

表1-2-12　常用中涂底漆性能表

性能 \ 类型		硝基中涂底漆	氨基甲酸中涂底漆	热固性氨基醇酸中涂底漆
涂装性能	附着力	△	◎	◎
	成型(可填性)	△	◎	◎
	吸收特性(封闭)	△	◎	◎
	抗水性	△	◎	◎
易于使用	固化	◎	△	×
	打磨	◎	○	○
	溶解旧漆	△	○	○
	点修理(旧硝基漆)	◎	△	△

◎：极好　　○：好　　△：不太好　　×：不好

3) 中涂底漆施涂

表 1-2-13 叙述了中涂底漆的施涂。

表 1-2-13　中涂底漆施涂

名　称	施 涂 方 法	图　片
清洁和除油	要特别注意从针孔和其他缝隙中清除打磨微粒，用压缩空气吹表面及周围面廓，用除油剂进行正常的除油工序	
遮　蔽	遮蔽有关表面，防止中涂底漆过喷 提示： (1) 遮蔽材料要贴得让同样多的中涂底漆暴露出来，而同时又不会超出打磨面积 (2) 为防止在涂有中涂底漆的面积边缘产生台阶，要用"反向遮蔽"方法来粘贴遮蔽纸	
中涂底漆调配	按中涂底漆制造商的指示，使用适当的计量仪器，向氨基甲酸酯中涂底漆添加固化剂，并且用稀释剂稀释混合物 提示： 中涂底漆中的颜料容易沉入底部，所以中涂底漆在使用前必须充分混合，虽然硝基二道底漆容易使用，但是它的涂装性能比较差，因此建议尽可能使用氨基甲酸酯二道底漆。有着各种各样的稀释剂，可供根据环境温度选用 通常，制造商对稀释剂的混合量均规定一定的宽容量，稀释过大，中涂底漆容易施涂，但易于垂流；稀释剂过少，涂层比较厚，表面粗糙	
中涂底漆施涂	(1) 用搅杆充分搅拌中涂底漆、固化剂和稀释剂混合物，然后将它通过滤网倒入喷枪	
	(2) 将第一层中涂底漆施涂至整个腻子表面，直至该表面变湿。调整标准喷枪	

笔记

名　称	施　涂　方　法	图　片
中涂底漆施涂	（3）要留足够的静置时间，以使中涂底漆中的溶剂蒸发（直至中涂底漆失去部分光泽）	
	（4）用步骤（2）的方法，再涂二至三层中涂底漆	
	提示： （1）每次施涂中涂底漆时，稍稍扩大施涂面积 （2）如果施涂面积过大，以致中涂底漆喷到遮蔽纸上（见图左下角），就会产生"溜边" （3）如果腻子表面有变形（轻微的凹陷），则要喷涂足够量的中涂底漆，以便盖住凹陷，但不能有垂流	
中涂底漆干燥	（1）为了确保溶剂完全蒸发。在使用强制干燥方法（例如红外线灯）时，要遵循中涂底漆制造商的指示，选择适当的固化时间。在20℃时，干燥前的一般固化时间5～15min （2）按中涂底漆制造商的指示，干燥工件表面。在60℃时，约为15～20min；在20℃时，约为90～120min	

笔记

名　称	施涂方法	图　片
修补腻子施涂	检查针孔及打磨划痕：在固化以后，检查有无针孔和打磨划痕。如果有，那么有关面积必须施涂修补腻子(填眼灰) 施涂修补腻子： 修补腻子有两种：单组分型和双组分型。单组分腻子容易使用，通常用于修补。本节介绍修补腻子的施涂法。 (1) 舀起修补腻子，将它放在混合板上。如果用管装腻子，可以将它直接挤到刮刀尖上 (2) 施涂修补腻子的目的是填补针孔及打磨痕 提示： 将腻子牢牢地推压入针孔和打磨划痕。修补腻子要薄薄地施涂，因为厚了，干燥得很慢。如果需要修补的点很多，那么可在整个二道底漆表面都施涂上腻子，以防遗漏	刮刀 修补腻子 修补腻子 刮刀
修补腻子干燥	按修补腻子制造商的指示干燥工件表面。20℃下为30～40min；在60℃下为5～10min	
中涂底漆打磨	中涂底漆可以干磨或湿磨。可根据前面所介绍各种方法的优缺点，选用最佳的方法	
用手工进行干磨	将一片大约600♯筛目数的砂纸装到手工打磨垫块上，然后打磨中涂底漆	手工打磨垫块
	提示： 因为砂纸上很容易布满打磨微粒，所以要经常使用砂纸的干净部位，或者用刷子清除打磨微粒	
用打磨机进行干磨	将一片大约400♯筛目数的砂纸装到双作用打磨机上，然后打磨表面	双作用打磨机
	提示： 不可能用打磨机完成整个干磨工序，因此，在末尾要用手工来结束工作	

笔记

名　称	施涂方法	图　片
用手工进行湿磨	用沾了水的海绵打湿有关表面。同时用装有大约600♯筛目数水磨砂纸的手工打磨垫块打磨中涂底漆	海鸽　手工打磨垫块
	提示： 在打磨以后，必须彻底清除水汽和干燥	
要　求	在打磨中涂底漆时，要打磨整个表面。涂装表面会有一点橘皮纹理。当用砂纸平整工件表面时，橘皮纹就被清除了。这是因为，如果不首先从工件表面清除橘皮纹就施涂面漆，那么便不可能获得好的饰面 打磨必须进行到整个表面失去光泽为止。如果留下任何光泽区域，那么就是因为该表面还没有受到砂纸打磨，橘皮纹还没有被清除	中涂底漆　需打磨的面积
打磨表面检查	经过修饰的表面是均匀的，又没有腻子和金属露出。那么中涂底漆的打磨工序便完成了	好
	提示： 如果修饰的表面打磨过度，以致有腻子或金属露出，那么表面的光泽或纹理可能由于涂料吸收而受影响，也可能导致生锈。如果发生这种情况，要重回到施涂中涂底漆的阶段，重新施涂中涂底漆	腻子或裸露金属　不好

4. 新钣金件施涂中涂底漆

当更换钣金件时，整个新钣金件必须施涂中涂底漆，然后才能施涂面漆。新钣金件施涂中涂底漆的步骤与修复施涂中涂底漆的步骤一样。喷涂方法基本上与施涂素色面漆的方法相同。

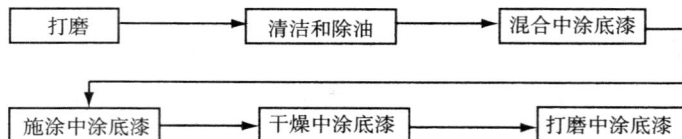

打磨 → 清洁和除油 → 混合中涂底漆 → 施涂中涂底漆 → 干燥中涂底漆 → 打磨中涂底漆

笔 记

四、检验评估

检验与评价内容	检 验 指 标	权重	自评	互评	总评
维修质量检验	(1) 正确除尘和除油 (2) 正确搅拌腻子和混合固化剂 (3) 合理施涂(厚、薄)腻子 (4) 合理选用砂纸和正确打磨腻子 (5) 遮蔽合理 (6) 会喷涂中涂底漆 (7) 会中涂底漆的打磨				
检查任务完成情况	(1) 能描述除尘和除油作用 (2) 能描述腻子和固化剂的比例 (3) 能描述施涂的手法 (4) 能描述砂纸的使用 (5) 能描述中涂底漆的作用 (6) 在小组所扮演的角色,对完成任务过程中所起的作用				
职业素养	(1) 学习态度:积极主动参与学习 (2) 团队合作:与小组成员一起分工合作,不影响学习进度 (3) 现场管理:服从工位安排、执行实训室"5S"管理规定				
综合评议与建议					

五、项目拓展

想一想:

1. 中间涂层涂装完成后,下步该做什么工作?

2. 喷涂面漆应如何实施?

任务 1.3   汽车车门金属件喷涂面漆

任务描述	汽车车门经中间涂层涂装后进入金属件喷涂面漆
任务目标	1. 知道涂料的组成 2. 知道面漆分类 3. 掌握颜色调配技巧 4. 能按喷涂面漆的工艺流程实施作业 5. 会面漆修饰 6. 能日常维护调漆设备及烤漆房

一、信息收集与处理

按表 1-3-1 完成任务 1.3 的信息收集与处理。

表 1-3-1   信息收集与处理

序号	项目名称	作 用
1		
2		
3		
4		
5		

1. 面漆的作用：_____；

2. 什么是三原色：_____；

3. 调配颜色的目的：_____；

4. 面漆修饰的作用：_____。

1. 涂料的发展历史

表1-3-2叙述了涂料的发展历史。

表1-3-2　涂料的发展历史

名　称	说　明	图　片
涂料的发展历史	油漆最早起源于中国,至少有4 000多年历史	
	中国早期的涂料中使用生漆和桐油作原材料	
	1300年由马可波罗传往欧洲	
	在1942年前,所有涂料都是使用油制涂料,就是把天然物质(亚麻仁油+松油)+颜料(烟灰、轻煤或其他颜料)+凡立水混合而成	
	1885~1886年,奔驰和戴姆勒发明了第一辆汽车,此时的汽车涂装还是使用油制涂料	
	1924年以前因为使用油制涂料,在当时涂装一辆汽车需要20多天时间,用油漆刷涂22次,等待每一道慢慢干燥,非常耗时耗钱	

笔记

名 称	说 明	图 片
涂料的发展历史	那时候,涂装汽车在所有的行业中是一项十分体面和挣钱的行业,使用同样的时间来涂装地板和汽车的报酬,分别为 3 马克和 3 040 马克	
	1924 年,杜邦公司发明了硝化纤维素油漆,并迅速替代油制涂料,硝基漆最大的好处是干燥快、使用简单。这是世界上首次作用喷枪喷涂的汽车,从而每辆汽车涂装油漆时间降至几小时。汽车批量生产加速了汽车工业的步伐 20 世纪 20 年代,勒斯·帕阿西研制出了最早的喷枪(涡轮 AB),这是现代喷枪鼻祖,从此大大缩短了涂装工作时间,而且效果更好	
	30 年代,开始有了醇酸树脂,后来发展成为涂料中重要的品种——醇酸漆	
	50 年代,聚丙烯酸树脂的油漆也开始广泛使用,聚丙烯酸涂料的优点是:优越的耐久性和光泽度,结合当时的静电喷涂技术,使汽车漆的发展又上一个新台阶	
	60 年代,压力克型喷漆,热硬化型美那民烤漆,热硬化型压力克尿素及美那民烤漆防锈静电涂装开发。单组分的丙烯风干漆在 60 年代相当受喷漆工人所喜爱,它的特点是不但干燥快、使用简单,光泽和耐天气性能都比硝基漆好	
	在 70 年代,双组分的聚氨基丙烯油漆的出现,无论在喷涂设备、工艺和效果方面都有一大突破,它的光泽、耐天气性能跟原厂汽车生产的油漆极为相似。 70 年代,双层烤漆——采用底漆层罩透明涂层面漆工艺首先出现在欧洲,因其耐久性和高光亮度,被日美制造商相继采用	

续 表

名 称	说 明	图 片
水性油漆	随着欧洲及美洲意识到大量溶剂(VOC)排放时对生态影响,1990年至今,高固体油漆和水性油漆应用的要求也越来越大,通过立法和控制,溶剂性油漆的用量将来会逐渐减少,而水性的漆料将会代替溶剂性漆料	

2. 涂料的基本知识

1) 涂料的含义

涂料通常称作"油漆"。早先,它是一种含有颜料或不含颜料而利用植物油和天然漆制成的产品。由于它是以油或漆作为主要原料,因此,长期以来人们把它称作"油漆"。将油漆涂在物体表面上,能干结成一层薄膜,使被涂物体的表面与空气隔离,起着保护和装饰作用。这层薄膜称做漆膜或涂膜。随着社会生产力的发展,人们对油漆的品种、质量及用途提出了新的更高的要求,原来的一些品种已不能满足生产建设的需要。而且,由于近十几年来石油化工和有机合成化工工业的发展,为涂料工业提供了新的原料,许多新型涂料,已不再使用植物油和天然漆,而是广泛地利用各种合成树脂与颜料,以及有机溶剂、水溶剂或无溶剂的各种涂料。具有多种多样性能的新品种日新月异地增加,使得涂料工业和产品面貌发生了根本的变化,因此把涂料称为"油漆"已不能恰当地表达出它们的真正含义,从它们的组成和作用来看,应比较恰当地称做"涂料",近年来已正式采用了"涂料"这个名称。

2) 对汽车用涂料的性能要求

根据汽车的使用条件和汽车修补涂装的特点,要求汽车用涂料具有下列性能:

(1) 极好的耐候性和耐腐蚀性。要求适用各种气候条件,涂膜的使用寿命要接近汽车的使用寿命(5~10年),要求在日晒、风雨侵蚀的情况下保光、保色性好,不开裂、不脱落、不粉化、不起泡、无锈蚀现象。

(2) 极好的施工性和配套性。要求适应汽车修补涂装的施工特点。例如能适应用量小、需调色和调黏度等特点,要求干燥迅速,涂层的烘干时间以不超过30min为宜,要求涂层间结合力优良,不引起咬起、渗色、开裂等涂膜弊病。

(3) 极高的装饰性。要求涂层色泽鲜艳、多种多样、外观丰满,使人看上去舒适。

(4) 极好的机械强度。要求抗汽车行驶中的震动和石击,涂膜坚韧、耐磨、耐崩裂性和抗划伤性好。

(5) 货源广、价格低廉,并要求逐步实现低公害化和无公害化。

(6) 能耐汽油、机油和公路用沥青等的浸泡。要求在上述介质中浸泡一定时间后不产生软化、变色、失光、溶解或产生斑印等现象。并要求能耐肥皂、清洗剂、鸟或昆虫的排泄物和酸雨等,与这些物质接触后不留痕迹。

3) 涂料的成分

涂料是一种富有黏性的液体,由下列各种成分组成;当这些成分混合时,便形成均匀的稠度。涂料通常用稀释剂稀释,以便于施涂。至于双组分类的涂料,则要加固化剂。

涂料的成分见图 1-3-1。

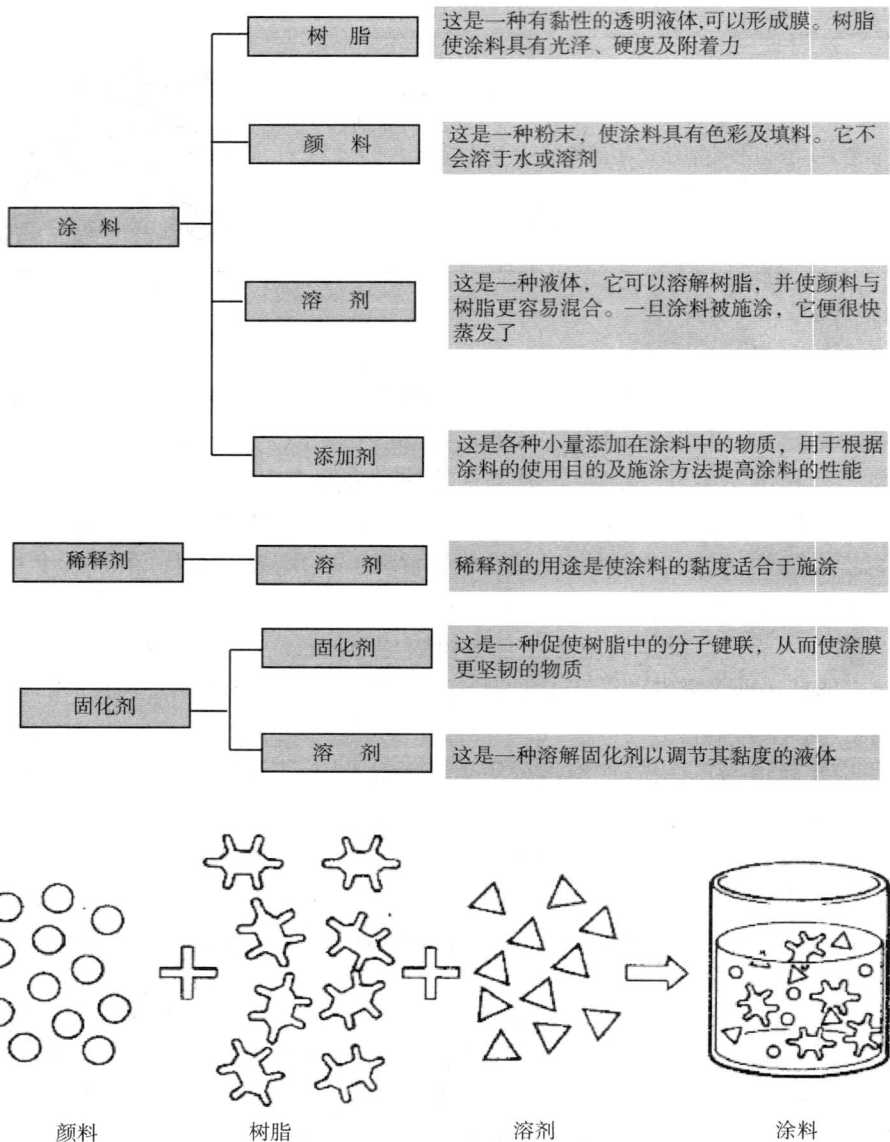

涂 料	树 脂	这是一种有黏性的透明液体,可以形成膜。树脂使涂料具有光泽、硬度及附着力
	颜 料	这是一种粉末,使涂料具有色彩及填料。它不会溶于水或溶剂
	溶 剂	这是一种液体,它可以溶解树脂,并使颜料与树脂更容易混合。一旦涂料被施涂,它便很快蒸发了
	添加剂	这是各种小量添加在涂料中的物质,用于根据涂料的使用目的及施涂方法提高涂料的性能

稀释剂	溶 剂	稀释剂的用途是使涂料的黏度适合于施涂

固化剂	固化剂	这是一种促使树脂中的分子键联,从而使涂膜更坚韧的物质
	溶 剂	这是一种溶解固化剂以调节其黏度的液体

颜料　　　　　树脂　　　　　溶剂　　　　　涂料

图 1-3-1　涂料的成分

在现有的各种涂料之中,"清漆"是一种无色透明的涂料,其中没有颜料。清漆用作最上层的涂层,使金属或珠光云母色更具光泽,同时保护金属和云母颜料。

(1) 树脂。树脂是涂料的主要成分,一般为有黏性的透明液体,在被施涂到一个物体上干燥以后便形成一层薄膜。树脂的特性直接影响涂料的特性,例如硬度、耐溶剂性及天然老化。它们也影响饰面的质量(例如纹理、光泽)和是否易于使用(例如干燥时间)。

涂料中使用的树脂可以广义地分为如下几类:

表 1-3-3 叙述了按材料分类的情况。

表1-3-3　按材料分类

名　称	说　明	图　片
天然树脂	此类树脂主要由植物中榨出,具有高分子化合物,用于制造清漆和天然漆。它们通常用于大量生产的工业产品上	
合成树脂	此类树脂是人造树脂,含有高分子化合物。由于它们大量存在,所以大多数现代涂料主要是用合成树脂制造的	

表1-3-4叙述了按薄膜类型分类的情况。

表1-3-4　按薄膜类型分类

名　称	说　明
热塑性树脂	热塑性树脂可以通过蒸发溶剂而固化,此过程不含化学变化。当受热时,热塑性树脂变软,继而变为液体。它们很柔韧,并且容易溶解于溶剂 典型的热塑性树脂为硝化纤维、乙酸丁酸、纤维素、热塑性丙烯酸、树脂和尼龙
热固性树脂	当热固性树脂受热及受催化时,它们便发生化学变化而固化。它们在固化以后,不能用再加热的方法软化。热固性树脂一般很硬,而且耐溶剂性很强 氨基醇酸、双组分聚氨酯、热固性丙烯酸和环氧树脂仅是比较典型的热固性树脂的几个例子

（2）颜料。颜料是不与水、油或溶剂混合的微小的粒子,它们自己不会附着于其他物体上。但是,一旦它们与树脂和其他成分混合形成涂料时,它们便会附着于其他物体上,颜料的组成见图1-3-2。

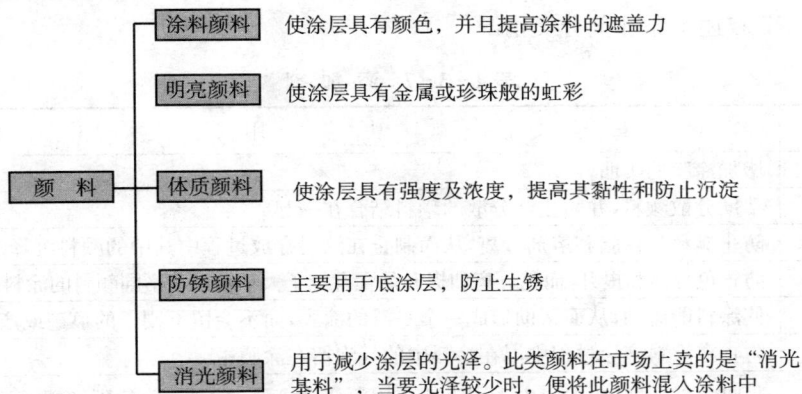

图1-3-2　颜料的组成

（3）溶剂与稀释剂。溶剂是一种液体，它可以在涂料制造过程中溶解树脂，并且促进涂料中的颜料和树脂的混合，它一般混于涂料的基本色。

稀释剂用于将涂料的基本色稀释至适合于涂装的黏度。溶剂和稀释剂在涂料干燥时蒸发而不会留在涂层中。

涂料中使用种各样的树脂，各种不同的树脂用各种不同的溶剂来溶解。每一种涂料都有其特别的稀释剂，该稀释剂是该涂料的专用稀释剂，它由几种不同的溶剂组成。此外，有几种不同的稀释剂，其所含的溶剂及其混合比各不相同，用户可以按其周围温度，选用最适合该温度的蒸发速度的稀释剂。

表1-3-5叙述了溶剂分类情况。

表1-3-5 溶 剂

溶剂类别	溶 剂 特 性
真溶剂	一种自己能溶解树脂及溶纤剂的溶剂
潜溶剂	自己不能溶解树脂及溶纤剂，但当与真溶剂联用时可以提供溶解性
稀 料	用于稀释涂料但不能溶解树脂及溶纤剂

表1-3-6叙述了稀释剂的主要成分。

表1-3-6 稀释剂的主要成分

稀释剂的类型	真溶剂	潜溶剂	稀 料
硝基纤维漆稀释剂	乙酸乙酯 乙酸丁酯 乙酸溶纤剂	正丁醇 异丙醇	甲苯
丙烯酸聚氨酯 稀释剂	乙酸乙酯 乙酸丁酯		二甲苯 甲苯
热固性丙烯酸 稀释剂	乙酸乙酯 乙酸溶纤剂	正丁醇	

（4）添加剂。涂料中加有各种添加剂，以增强涂料的性能及促进涂膜的形成，现列表说明如下。

表1-3-7叙述了添加剂分类情况。

表1-3-7 添 加 剂

添加剂类型	功 用
增塑剂	增加涂膜的柔曲性
颜料分散剂	帮助分散颜料，并防止已分散的颜料结合在一起
沉降制止剂	防止颜料与树脂和溶剂分离，从而制止在涂料存放过程中其中的颜料沉降
色分离剂	防止色分离和提升，而色分离和提升是含有粒子大小及比重不同颜料的涂料常有的现象
流平剂	使涂料能流动，从而帮助形成一个平滑的涂膜，而不会留下刷子的痕迹或产生橘皮
消泡剂	防止在涂料施涂过程中混在涂料中的气泡留在涂膜中
紫外线吸收剂	吸收紫外线，防止涂膜由于阳光的作用而变质。显示了衰变、龟裂和褪色迹象的涂料可能已受到阳光的影响

(5) 固化剂。当使双组分涂料时,要加固化剂。固化剂如果加入双组分涂料的主要成分中,那么它便与主要成分的分子反应,形成更大的分子,即高聚物。在聚氨酯涂料中,三聚异氰酸酯化合物可以形成立体交互网。

4) 涂料干燥

是指使液状涂料硬化、形成厚涂层的工序叫做干燥或固化。涂料干燥和固化的工序分类见图1-3-3。

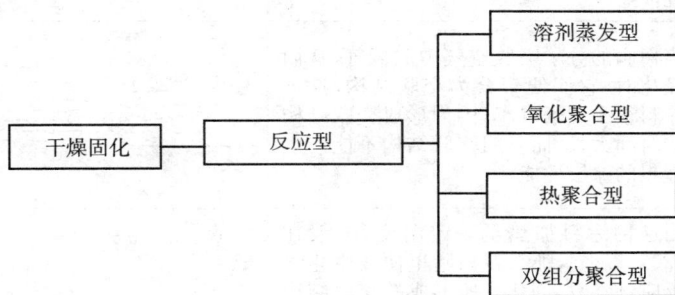

```
                              ┌─ 溶剂蒸发型
                              │
                              ├─ 氧化聚合型
干燥固化 ── 反应型 ──────────┤
                              ├─ 热聚合型
                              │
                              └─ 双组分聚合型
```

图1-3-3 涂料的干燥固化

表1-3-8叙述了涂料干燥型式。

表1-3-8 涂料干燥

名　称	说　明	图　片
溶剂蒸发型	当涂料中的溶剂蒸发时,这种涂料形成一个涂层。但是由于树脂分子没有结合在一起,所以涂层可以被稀释剂溶解。这种涂料的特性是干得快和容易使用。但是,它在耐溶剂性和自然老化性能方面不及反应型涂料	
反应型	在此类涂料中,涂料中的溶剂和稀释剂蒸发,而且树脂通过一种所谓"聚化"的化学反应固化 下面说明树脂中的分子是怎么变化的: 刚刚喷涂以后,新涂料是一种液化层,其中的树脂、颜料、溶剂及稀释剂混合在一起 在固化过程中,溶剂和稀释剂蒸发,树脂分子由于化学反应而互相逐渐结合 在完全固化以后,涂层完全没有溶剂和稀释剂。分子的化学反应结束,形成固态的高聚物层 分子通过化学反应结合成三维交联结构。如果涂层具有较大的和较密的交联结构,那么它便具有更好的涂层性能,例如较大的硬度和耐溶剂性	

笔记

名　称	说　明	图　片
反应型涂料的特点	除非向涂料施加能引起化学反应的要素，否则涂料不会开始固化。能引起化学反应的要素包括热、光、氧、水及催化剂（固化剂）。在汽车用的大多数反应型涂料中，固化是由于热式催化剂引起的	
氧化聚合型	当树脂的分子吸收空气中的氧气，从而氧化时，它们便聚合为交联结构，这种涂料很少用于汽车，因为形成交联结构的时间太长，而且粗交联结构不能产生理想的涂层性能	
热聚合型	当这种涂料加热至一定温度（一般在120℃以上），那么在树脂里便发生化学反应，使涂料固化。所形成的交联结构密度很大，所以在该涂料彻底固化以后，不会溶解于稀释剂。它广泛使用于汽车装配线上，但是在重涂中很少用。这是因为，为了保护有关区域的塑料及电子零件，在重涂以前必须将它们拆下或用其他方法加以保护，以免受热影响	
双组分聚合型	在这种涂料中，主要成分与固化剂混合，以便在树脂中产生化学反应，从而使涂料固化。虽然该反应可以在室温下发生，但是可以使用60～70℃的空气来加速干燥过程。汽车重涂时大多使用这种涂料，有些双组分聚合涂料的性能与热聚合型相同	

表1-3-91叙述了树脂在干燥前、后的分子形状。

表1-3-9　树脂在干燥前、后的分子形状

干燥类型	涂料名字	湿的时候	干的时候
溶剂蒸发	NC丙烯酸清漆		
氧化聚合	邻苯二甲酸酯		

笔记

干燥类型	涂料名字	湿的时候	干的时候
热聚合	热固氨基酸醇		
双组分聚合	丙烯酸、氨基甲酸酯		

5）金属漆

金属闪光漆也称为多色油漆、双色效应涂料。涂层在阳光照射下具有闪烁的金属光泽，而且可随着观察角度的不同产生光的畸变，给人一种晶莹透彻、奇妙莫测的感觉。由于其特殊效应，已被广泛应用于轿车表面涂装。

金属闪光漆由主要成膜物质、颜料、金属颗粒、溶剂、分散剂等组成。其中金属颗粒是产生闪烁效应的主体，其主要有片状金属颜料（以铝粉为主）和珠光颜料（云母颜料）。

金属漆有下列特性：

在阳光下产生独特的闪光。直接观察或间接观察时，色相会发生很大变化。透明和深度方面极好。

可以说金属漆产生了不同于纯色漆的设计效果。

（1）着色颜料。着色颜料是一些不溶水、油或溶剂的微小颗粒，他们自身不能附着在其他物体上。可是一旦他们与树脂相混合，就能黏附到其他物体或以微小颗粒扩散到物体中。制造这些颜料的材料大体分为两类：有些颜料用天然材料，如矿砂或金属加工出来的，这种颜料称为无机颜料，另外一些是用人工合成的石油产品制成的，称为有机颜料。

表1-3-10叙述了着色颜料。

表1-3-10　着色颜料

名　称	说　明
无机颜料	主要由锌、钛、铅、铁或铜的金属化合物员组成的无机颜料。这些颜料耐候性、耐湿和遮盖效果好；但就颜色的生动性，不如有机颜料
有机颜料	有机颜料一般称为"染料"，是溶于水、油或溶剂的有色物，它以液体状态渗入要着色的物体。有机颜料的基本状态是渗入不溶水的金属化合物的染料或本身不溶于水的染料。在遮盖效果方面，有机颜料不如无机颜料好，有机颜料一般由微小颗粒组成；由于有机颜料产生的吸引力和生动的颜色，在汽车上用于金属色和生动的纯色

表1-3-11叙述了无机和有机颜料的分类比较。

表1-3-11　无机和有机颜料的比较

颜料分类	色相	耐候性	热阻性	抗溶剂性	遮盖效果	比重
无机颜料	稍缺少生动性	高	高	高	高	高
有机颜料	生动	低	低	低	低	低

（2）银粉漆。是指铝研磨成微小的铝片，铝颜料在阳光下产生金属特有的闪光。其特效是靠铝粒子与透明颜料的配合而达成的。银粉及颜料的分布对颜色的正面和侧面会产生不同的效果。常见的有下面三种取向。

表1-3-12叙述了银粉及颜料的正常取向。

表1-3-12　银粉及颜料的正常取向

名　称	说　明	图　片
标准色调	银粉及颜料在漆膜中均匀分布	
银粉水平取向	颜色浅/亮 银粉浮向漆膜顶部并取向水平	
银粉垂直取向	颜色深/暗 银粉沉向漆膜底部并取向垂直	

表1-3-13叙述了银粉漆变幻的效果（还与银粒子颗粒尺寸大小有关）。

表1-3-13　银粉漆变幻的效果

名　称	颗粒尺寸	对颜色的影响:
细　银	$10\mu m$	细银粉的侧面亮度低，不够闪亮
中　银	$20,30,40\mu m$	中银粉通常是单独使用，或与其他银粉配合
粗　银	$50\mu m$	粗银粉对侧面色调的影响较大

表1-3-14叙述了常见银粒子形状。

表1-3-14 银粒子表面形状

名 称	说 明	图 片
椭圆型	颗粒尺寸及形状更均匀 正面与侧面的反射效果更一致 外观效果更清净、明亮 与银粉控色剂配合使用可以获得最佳的银粉控制 银粉颗粒的形状(椭圆形)具有非常暗的侧面效果	椭圆型银粉颗粒
标准型	颗粒尺寸及形状不均匀 正面的反射效果比侧面强	标准型银粉颗粒

(3)珍珠漆。人类常眩感于大自然中色彩缤纷的现象,如贝壳、乌羽及珍珠等。这些柔和闪烁的色彩是由多个薄层造成的,层层相叠将光线以不同的、多变的方式,反射或吸收。其基本组成仍是取自于大自然的云母氧化铁。云母珍珠常常包括四种类型:白色云母、干涉色云母、着色云母、银色云母。

表1-3-15叙述了各种珍珠漆。

表1-3-15 珍珠漆

名 称	说 明	图 片
白云母珍珠	透明的云母外镀氧化钛镀层(二氧化钛) 反射光为珍珠银光泽 透射光无特殊颜色,因为所有波长的光波都被反射	入射光 反射光线为黄色 云母片 TiO_2镀层 透射光线为蓝色
干涉色云母珍珠	云母片表面涂覆的二氧化钛(TiO_2)镀层的厚度发生变化,导致反射光和透射光呈现出不同的颜色 要从各个角度观察云母的反射光及透射光的颜色 颜色的效果取决于入射光源的角度和观察的角度 干涉色云母片的遮盖力较低,因而其效果取决于涂料的颜色	入射光 反射光线为黄色 云母片 TiO_2镀层 透射光线为蓝色

续　表

名　称	说　明	图　片
着色云母	一般的云母片晶宽 48μm，但只有 1μm 厚，云母颜色随其镀层厚度的变化而改变 反射光和折射光提供正侧光和相关颜色	
银色云母	在透明的云母外镀上银粉包裹的二氧化钛 特点：能提供立体感的金属银色光泽	

提示：

从前面的结构可以看出，珍珠的颜色是由在云母片外镀的二氧化钛涂膜的厚度决定的。

6）涂料的命名与编号

表 1-3-16 叙述了涂料的命名与编号。

表 1-3-16　涂料的命名与编号

名　称	说　明
涂料的命名	涂料命名的原则是：全名＝颜色或颜料名称＋盛膜物质名称＋基本名称，如大红醇酸磁漆、铁红酚醛防锈漆等 对某些有专业用途及特性的涂料，还必须在成膜物质的后面加以说明，如：硝基外用磁漆、硝基内用磁漆、氨基烘干漆等
涂料的编号	涂料的编号即涂料的型号。涂料的型号由三部分组成。第一部分是成膜物质，用汉语拼音字母表示；第二部分是基本名称，用两位数字表示；第三部分是序号表示同类品种中的组成、配比或用途的不同。每个型号只表示一个涂料品种，如 C04-2 醇酸磁漆，C 表示成膜物质醇酸树脂，04 表示磁漆（基本名称），2 表示序号。基本名称的编号原则是：采用 00～99 二位数字表示。如 00～13 代表基础品种；14～19 代表美术漆；20～29 代表轻工用漆等。国内涂料基本名称编号如表 1-3-17 所示

表1-3-17叙述了国内涂料基本名称编号。

表1-3-17　国内涂料基本名称编号

代　号	基本名称	代　号	基本名称
00	清油	03	调和漆
01	清漆	04	磁漆
02	厚漆	05	粉末涂料
06	底漆	42	甲板漆、甲板防滑漆
07	腻子	43	船壳漆
09	大漆	44	船底漆
11	电泳漆	50	耐酸漆
12	乳胶漆	51	耐碱漆
13	其他水性漆	52	防腐漆
14	透明漆	53	防锈漆
15	斑纹漆	54	耐油漆
16	锤纹漆	55	耐水漆
17	皱纹漆	60	耐火漆
18	裂纹漆	61	耐热漆
19	晶纹漆	62	示温漆
20	铅笔漆	63	涂布漆
22	木器漆	64	可剥漆
23	罐头漆	66	感光涂料
30	(浸渍)绝缘漆	67	隔热漆
31	(覆盖)绝缘漆	80	地板漆
32	(绝缘)磁烘漆	81	渔网漆
33	(黏合)绝缘漆	82	锅炉漆
34	漆包线漆	83	烟囱漆
35	硅钢片漆	84	黑板漆
36	电容器漆	85	调色漆
37	电阻漆、电位器漆	86	标志漆、马路画线漆
38	半导体漆	98	胶液
40	防污漆、防蛆漆	99	其他
41	水线漆		

3. 颜色基础

颜色在我们的日常生活中扮演着重要的角色。每种颜色都具有其独特的意义,如"红色"代表热情,"绿色"代表平和,"蓝色"代表安静,而"橙色"代表的是温暖。从科学的角度来看,颜色是眼睛对光波传递的表现。因此没有光,就没有颜色。

人们对能分辨出颜色都习以为常,很少有人驻足细究其中奥妙。但是作为汽车喷涂的技师,您在日常工作中会经常接触到各种各样的色彩和它们的差异,工作性质需要我们进一步了解"人们是如何感知和认识色彩的"。

1）颜色的观察

表1-3-18叙述了对颜色的观察。

表 1 - 3 - 18　对颜色的观察

名　　称	说　　明	图　　片
颜色的观察	人们要感受到颜色,必须具备以下三个要素:光源,眼睛和物体	光源　眼睛　物体
光　源	光源就是发光的物体,常见的光源有以下三种:(白炽灯、荧光灯、太阳光) 太阳光是电磁辐射的一种形式,这种辐射有不同的波长,利用三棱镜或者光栅能分辨出许多单一的有色光带,光谱颜色从紫到红,就好像纷纷雨滴所产生的彩虹一般。人类的眼睛能看到光谱中波长在 $400\sim700nm$ 的光线,我们常常称为可见光谱	三棱镜色散示意图 白光　光谱　$700nn$　$400nm$　λ 紫外线　紫色　蓝色　绿色　黄色　橙色　红色　红外线
眼　睛	人眼具有三种基本神经:感红、感绿和感蓝,并由此合成多种色感。光谱的不同部分能引起这三种视觉神经不同比例的兴奋,并将这些兴奋转换成信号传至大脑,而大脑将这些信号转换为色彩。于是我们就看到了颜色 考一考:你能看见隐藏在图中的密码吗?	
物　体	物体也就是我们所看到的观察对象。它之所以能被看到,是由于光线在其表面发生了反射,被眼睛所接收,再通过视觉神经的传递;在大脑中"合成"出了物体的色彩 一般而言,物体对照射到其表面的光源有三种反应: (1) 反射:被反射的光线从物体表面反射,物体的颜色往往由其反射光的颜色来决定 (2) 折射:透过物体的光线在穿过物体时有所改变 (3) 吸收:被物体吸收,"消失掉了"	X=入射角 Y=反射角 X=Y Z=折射角 X　Y　光泽效果 Z 颜色效果

续 表

名　称	说　明	图　片
全反射	我们看到的是白色	
全吸收	我们看到的是黑色	
部分吸收和部分折射	我们看到的则是反射光的不同波长对应的颜色	

2) 三大要素之间的相互作用

我们已经知道,色彩是光源、眼睛和观察对象三者的结合。很显然,如果这三个因素中的任何一个发生了改变,那么所产生的颜色也会随之改变。所以现在,让我们来看一看改变光源时产生的颜色差异。

表1-3-19叙述了改变光源时产生的颜色差异。

表1-3-19　改变光源时产生的颜色差异

名　称	差　异	图　片
自然光	在正常日光下看起来显红色的汽车	
白炽灯	在白炽灯下会是什么颜色呢? 答案是橙色! 因为白炽灯含有更多的红黄色光,它与汽车本身的红色叠加,得到了橙色!	

3) 色彩三属性

颜色是立体空间三维的一个值,因此要准确地描述颜色,需要三个基本属性:色相、明度和彩度。

表1-3-20叙述了色彩三属性。

表1-3-20　色彩三属性

名　称	色　彩	图　片
色相	是色彩的第一个性质。这一特性使我们可将物体描述为红色,橙色,黄色,绿色,蓝色或紫色,色彩系统中最基本的色相是红色,黄色和蓝色(减色混合原理),它们也称为"三原色",几乎所有的颜色都可以用这三种颜色调配出来	
	三原色	 红色　　　蓝色　　　黄色
	再生色 由任意两个原色合成	 绿色 橙色 紫色
	次生色 由任意两个再生色合成 当颜色成为次生色后,就变得更深、更浊	 香橼色 橄榄色 铁锈色
明度(亮度/深浅度/明暗度/色品)	明度是光的反射值大小反应,它定义为反射光的总量与入射光的总量之比,范围0～100%表达,数值越大表示颜色越浅,反之越深	
彩度(饱和度/鲜艳度/纯度)	彩度是指颜色的鲜艳程度。比较彩度一般需要在同一色相和明度的颜色下比较。为了更清楚地看到这一点,让我们来看一看几种不同的蓝色	

4. 调漆设备

随着国内进口汽车的增多,汽车漆的色彩日渐繁多和复杂,巴斯夫、立邦、阿克苏、PPG等世界知名油漆公司也相继进入我国,这些公司对色彩都有专门的研究调制机构。一旦新款车上市,这些公司马上就会根据自己公司的漆料将修补漆颜色配方研制出来,随同色卡提供给油漆经销商,配送给调色中心。在进行配方研制比色时,常用光电比色法(用光电色彩计,亦称色差计,直接读出颜色的三属性),或用分光光度计求分光比反射率曲线,然后按规定的计算得到测定值,这两种设备测色精度准确但价格贵,而调色中心在进行调色时用到的主要设备有:阅读机、调漆机、电子秤、配方微缩胶片、色卡、比例尺等。

表 1-3-21 叙述了调漆设备。

表 1-3-21　调漆设备

名　称	说　明	图　片
调漆机	调漆机又称油漆搅拌机,各大油漆公司都有调漆机和其配套产品,有 32,38,59,108 等各种规格的调漆机。调漆机配有电动机、搅拌桨,利用这种工具很容易混合及倒出涂料。涂料中的树脂、溶剂及颜料经过一段时间就会分离,这是因为它们的比重不同所致。因此,涂料在使用以前需要充分混合	 电动搅拌机　　手动搅拌机
阅读机	根据查阅油漆配方的工具不同,目前国内有胶片调色计算机调色。胶片调色即通过阅读机阅读菲林片、查配方。因这种方式成本低、操作简单,所以目前采用较多。计算机调色即计算机中存有所有色卡配方,用只需将自己所需漆号和分量输入计算机就可以直接查阅计算好的配方数据,快捷、方便、准确,而且数据更新,是一种先进的调色方法。目前各大油漆公司都具有完善的计算机调色系统	 微缩胶片阅读机
配方微缩胶片	微缩胶片又称菲林片,按大小可分为 18cm×24cm 和 10.5cm×14.7cm 两种 微缩胶片中列出汽车生产厂商、生产厂颜色编号、颜色、配方等,用户可根据生产厂商提供的颜色编号找到相应的配方,查找容易,使用方便	
调色灯	这是一种接近阳光所有波长的灯,可以在夜晚下雨时用于代替阳光	
烘　箱	这是一种强制烘干试验板的烘干设备	

笔记

名　称	说　明	图　片
电子称	电子秤又称配色天平,是一种称涂料用的专用天平,帮助计算适当的混合比,由托盘秤、电子显示器、集成电路板组成。常用的电子秤量程可达7 500g,精确度为0.1g,由明亮的发光二极管作显示器,安装在托盘上方,使用方便,属于专为汽车修补漆称量用的配套产品。电子秤的灵敏度较高,使用时应避免大的气流(风)	电子称
容　器	涂装所用容器。多为聚丙烯型一次性容器。在调配油漆时最好使用上下口径一样的直筒型容器	容器
色　卡	尽管人们有极强的辨色能力,也不可能将上千种颜色记住。所以把汽车用涂料的各种颜色宜以色卡的方式表达出来	

5.烤漆房

喷烤漆房是汽车涂装修补重要的设备,常用喷烤漆房来解决喷涂时常见的下列问题:灰尘、污染、安全(由于与钣金等其他车间在一起,易引起明火)、喷涂完成后的干燥。车身修理车间,由于敲打金属,研磨焊缝、原子灰等,使粉尘不断,而这种环境不利于车身的喷涂工作。这些粉尘大多数非常细微,很难控制。喷烤漆房能够提供一个清洁、安全、明亮、有利于健康的工作场地。它可以使喷涂场地没有飞扬的粉尘,并能限制和安全排放掉进行车身喷涂工作时产生的挥发性气体。现代烤房的设计非常科学,它能提供合适的空气环境,必要的照明,保证喷涂工作的安全。

表1-3-22叙述了烤漆房。

表1-3-22　烤　漆　房

名　称	说　明	图　片
烤房的类型	喷漆房(室或棚)就是为喷涂施工提供一个清洁、安全、照明良好的封闭环境,既可隔开其他工序对施喷过程的影响,也可使喷涂过程所产生的污染物得以控制和治理	

续 表

名　称	说　明	图　片
喷漆房的技术要求	(1) 供给喷涂室内的空气必须过滤;在要求高的场合,喷漆室内的温度、湿度可以调节 (2) 空气在室内的流向应是自上而下,这样不易形成气流死角和漆雾回落而影响喷涂质量 (3) 室内的空气流速应在(0.3~0.5)m/s范围内。过快过慢的气流,都会影响涂膜的流平性 (4) 排风量应稳定,并要求供风量应略大于排风量,以免外界空气进入,也应避免内外压差过大而使漆雾外逸 (5) 在喷漆室产生的气体,应在处理后排出,以免污染环境 (6) 喷漆室内应具有不小于800lx的照度。照明灯具一般用玻璃隔开,不与漆雾接触	
喷漆房的结构类型	喷漆房主要由墙体、换气系统、过滤系统、照明装置及废气、废渣处理装置等组成。其分类方法如下: (1) 按换气系统不同分类。正向流动喷漆房,即汽车从空气进口进入,沿气流方向走向喷漆房的另一端空气口离开,气流是从汽车尾部向前吹的。反向流动喷漆房,即汽车倒向喷漆房,气流迎着汽车尾部吹向出口端。以上两种喷漆房均为横向或水平通风类型 下向通风式喷漆房。即气流是从喷漆房的天花板向下流动,从地板栅格处排出。气流在汽车表面形成一层包围层,使漆雾不会沉积、污染已喷过的表面,保证喷漆作业的质量。此类喷漆房目前应用最广泛 (2) 按过滤系统不同分类。过滤系统是喷漆房重要组成部分,其作用是把进入喷漆房内的空气进行过滤,以保证喷漆质量;把在喷漆房中产生的漆雾和其他污物过滤掉,使排入大气的气体无污染。过滤系统主要有两种,即干式和湿式过滤系统 干式过滤系统包括两大装置,即空气供给装置和排风、漆雾过滤装置。空气供给装置的作用是:将空气中的粉尘等杂质过滤干净;使进入喷漆房中的气流分布均匀,避免紊流现象的产生。常用的下通风式喷漆房中,空气供给装置安装在天花板上,一般以镀锌的钢丝网为框架,其上铺设有无纺布和1~2层黏性纱布,保证进入喷漆房内空气的净化质量	 抽风机　燃烧空气出口 空气进气槽　　天花过滤棉 过滤器　　抽风 粗滤网　油漆挡板　滤幕 干式过滤方式 1—折板式气水分离器;2—喷嘴; 3,4—挡板;5—水槽 喷淋式喷漆房的结构示意图

笔记

名　称	说　明	图　片
喷漆房的结构类型	对涂装质量要求高或室外温度低（－20℃）的场合，喷漆房中还要安装空调供风系统，为喷漆房提供经过调温、调湿、除尘的洁净空气 排风及漆雾过滤装置。该装置主要由排风机、漆雾过滤网及管道等组成。干式漆雾过滤网的结构简单，清洗和滤网更换方便 湿式过滤系统的空气供给系统与干式过滤系统相同，而排气过滤采用的是湿式结构，即把喷漆室内含有漆雾粒子和其他杂质的气体经水幕（水流）带走，由排污系统收集处理。湿式过滤系统的类型有：喷淋式、多级水帘式、水旋式等几种。喷淋式过滤装置的过滤效果相对较差，已被其他类型的湿式结构所代替。修补涂装中不常用的是水帘式和多级水旋式	 1—挡水板；2—活动半圆筒； 3—上溢水槽；4—固定半圆管； 5—下溢水槽；6—栅板；7—水池 多级水帘式过滤结构示意图 1—粗过滤；2—水过滤；3—中过滤；4—暖风； 5—灯；6—精过滤；7—挡板；8—工件；9—栅板； 10—气水分离器；11—上水槽；12—水旋器； 13—循环水；14—水管；15—下水槽 水旋式排风过滤结构示意图
喷漆房的正确使用和维护注意事项	（1）定期清洗内部墙体、地板及其他固定件表面上的灰尘、油污等，并做好例行保洁工作 （2）喷漆房内不准存放如零件、涂料、包装纸(盒)、衣物等，以防沉积污物，影响涂装质量 （3）不能在喷漆房内进行涂装前的表面打磨、清洁及涂料调制等工序，以免打磨粉尘弥漫而影响空气质量，尽可能避免污染源的出现 （4）用水清洗地板时，防止飞溅到车身上，同时要对污水进行处理 （5）定期检查、更换干式过滤系统中的滤网。应经常使用压力表检测挡漆板的堵塞情况 （6）湿式过滤系统中的水位应保持正常，并在水中加入添加剂 （7）定期检查喷漆房周围的密封情况，以防灰尘进入 （8）汽车进入喷漆房前，应清洗干净，并对车身上的缝隙、沟槽等不易发觉的地方进行彻底清洁 （9）喷漆房内必需的物件，如喷枪、软管、胶带、车轮套、工作服、防毒面罩、手套等，应存放在密闭的储藏室内 （10）定期对排风扇、电动机进行维护保养	

二、制订维修计划

表1-3-23叙述了制订金属件喷涂面漆计划。

表1-3-23　制订金属件喷涂面漆计划

1. 汽车车门经中间涂层涂装后进入金属件喷涂面漆
2. 查阅相关资料,喷涂面漆(面漆、颜色调配、面漆喷涂、漆面修饰)等

工艺流程	操作示意图	技术要求或标准
1. 面漆		熟知面漆的性能
2. 颜色调配		掌握调色技巧
3. 面漆喷涂		掌握运喷枪技巧
4. 漆面修饰		掌握抛光技巧

三、实施维修作业

1. 面漆

汽车面漆是汽车多层涂装中最后涂布的涂料，不但具有涂层色泽艳丽、光亮丰满的装饰效果，而且还应具有良好的保护性、耐水、耐磨、耐油及耐化学腐蚀性。

1）面漆的分类

表1-3-24叙述了面漆的分类。

表 1-3-24　面漆的分类

名　称	说　明
溶剂挥发型	如硝基纤维素涂料、热塑性丙烯酸树脂涂料、各类改性的丙烯酸树脂涂料等
氧化固化型	如醇酸树脂涂料、丙烯酸改性醇酸树脂涂料等
热固化型	如热固性丙烯酸树脂涂料、热固性环氧树脂涂料，氨基醇酸树脂涂料、氨基丙烯酸树脂涂料等
双组分型	如丙烯酸-氨基树脂涂料、聚酯-聚氨酯树脂涂料、丙烯酸-环氧树脂涂料等
催化固化型	如湿固性有机硅改性丙烯酸树脂涂料、过氧化物引发固化丙烯酸树脂涂料、氨蒸气固化聚氨酯树脂涂料等
提　示	以上面漆是根据涂料的干燥机理分类的。如果按照面漆的装饰性进行分类可分为本色面漆、金属面漆、珠光色面漆和罩光清漆。另外还有单组分面漆、双组分面漆、烤漆、自喷漆等

2）面漆的选用

在选用汽车面漆时应从以下几个方面考虑：

（1）外观。色彩鲜艳、光泽醒目、色差小、丰满度及鲜映性好。

（2）硬度和抗崩裂性，面漆涂层应坚硬耐磨，具有足够的硬度，以保证汽车在使用过程中因路面砂石的冲击和摩擦而不被损坏。

（3）耐候性和抗老化性。耐候性和抗老化性是选择面漆涂料的重要指标之一。若选用的面漆耐候性和抗老化性差，则车身表面涂层在使用不久就会出现失光、变色及粉化等病态现象，直接影响汽车的装饰性。

（4）耐湿热和防腐蚀性。面漆涂层在湿热条件下，不应起泡、变色、失光，对面漆的防腐蚀性虽不比底漆严格，但与底漆涂层配合使用后，能增强整个涂层的防腐蚀性。

（5）耐化学药品性。在车辆使用过程中，表面涂层难免与蓄电池电解液、润滑油、汽油、制动液及各种清洗剂等接触，但擦净后表面不应有变色、起泡或失光等现象。

（6）汽车修补用面漆应与原车面漆相匹配，即与原车面漆的性能相同、与原车的表面漆色最接近，并能在60~80℃烘烤成膜，适应于手工涂装。识别原车面漆的类型和修补面漆的调色是修补涂装的关键技术。如果选用的面漆与原车漆层的性能不同或者调配的面漆颜色（色调、色度及亮度）不同，会造成修补区的面漆起皱、剥离、咬底等现象或修补区与原车颜色相差太大,显现突出,这是修补涂装中最不愿看到的。所以,修补涂装时的面漆选择与调色是非常重要的。

(7) 施工性能。生产上使用的高温面漆,应与涂装方法、涂装工艺相适应;在装饰性要求高的时候,具有良好的抛光性能;面漆还应具有较好的重涂性(即无须打磨就可再涂,结合力良好)和修补性。

2. 颜色调配

随着汽车工业的不断发展,汽车漆的颜色种类及色彩特性也层出不穷,人们不可能把每一种颜色都做成涂料并储存起来以备随时使用。惟一的解决办法是提高调色人员的配色技能,利用涂料制造商提供的几十种基本色素(色母),按照一定的用量比例(颜色配方),对现有颜色进行调配,以达到我们所期望的理想色彩。

1) 调色流程

做任何一件工作都应该有一个规范的流程,调漆也不例外。严格的工作流程可以用在实验室,也可以用在修理厂。当大家都使用同一套方法做相同的事情时,就容易获得相同的结果,即获得相同的颜色。

调色流程见图1-3-4。

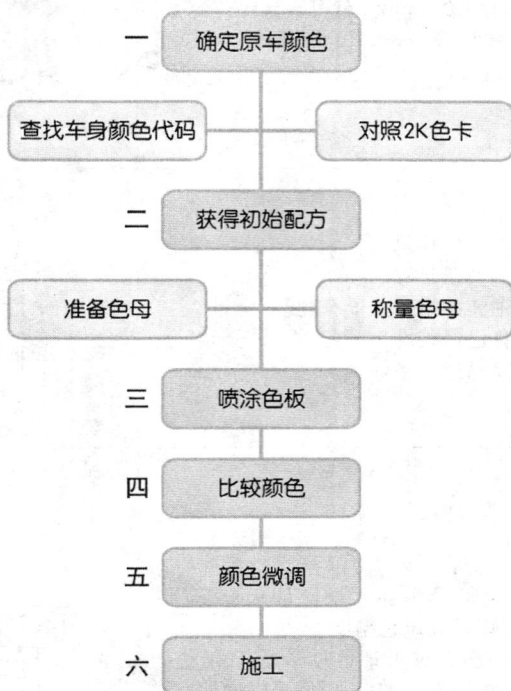

图1-3-4　调色流程

表 1 - 3 - 25 叙述了调色流程。

表 1 - 3 - 25 调色流程

名　　称	说　　明	图　　片
确定原车颜色可用两种方式	(1) 查找车身颜色代码 车身上有原厂提供的标牌,可找出颜色代码。一般为金属牌或贴纸,贴在车身某些位置。不同的厂商会贴在不同的位置 (2) 对照 2K 色卡 如果汽车已经重新喷过漆,而且重新喷漆时没有按照颜色代码调色,或者颜色代码被不慎撕掉,这时可以使用色卡与车身颜色比较,找出最接近的,然后使用色卡上的色号信息	
获得初始配方	在配方 CD 中输入色号,就可查到颜色配方。以此配方作为起点,进行颜色调配,可以节省很多时间	
准备色母	(1) 色母已经搅拌均匀 (2) 色母的数量足够 (3) 调配油漆的罐子是干净的 (4) 电子秤已经校准 (5) 搅拌尺已经准备好	
称量色母	称量时应注意: (1) 每个色母最小加入量应该在 0.5g 以上,可以提高调色精度 (2) 宁少勿多。对于某色母数量没有完全把握,可以先少加点,以后再慢慢加 (3) 建议使用归零称量法,尤其在加入少量对颜色影响较大的色母时(此时若用累积量,误差会较大)	

笔记

名　称	说　明	图　片
喷涂试板	喷涂试板非常重要，它可以大大降低颜色的不准确性 (1) 试板的面积不可太小，至少应该在10cm×15cm (2) 喷涂时不要过厚，否则金属漆和珍珠漆的颜色会比在车身上正常喷涂时稍深 (3) 喷涂试板时应尝试不同的喷涂方法，以衡量能否通过调整喷涂手法使颜色相匹配，但必须保证喷涂车身时能够采用同样的喷涂手法，即喷涂试板的手法与喷涂车身的喷涂条件必须保证一致	
比较颜色	把喷出的试板与车身作比较，颜色符合就可以施工，颜色不符合就要求微调。要注意以下几点： (1) 在光线充足的地方或在标准灯箱下对比颜色，并注意分辨色差和同色异构之间的区别，不至于受室内的日光灯、装饰物的反射光所影响 (2) 观察颜色的角度将影响对色、调色的精确度 　　正面——观察车身的颜色角度是90～120° 　　半角——观察车身颜色角度约45° 　　侧面——观察车身颜色角度是180° (3) 对色时，充分考虑周围的影响因素：墙、车辆；还要考虑修补区域的影响因素：遮阳膜、氧化、老化、失光等 (4) 存在微小色差时，正确判断哪些是不得不微调的，哪些是可以利用喷涂方式解决的	

2) 颜色微调

决定微调前必须考虑的因素：

(1) 颜色的微调应做为调漆的最后手段，在决定进行微调前还必须考虑存在差异的因素。

(2) 颜色偏差是由于修补漆膜与车身原漆膜表面状态不匹配而引起的。

表 1-3-26 叙述了颜色微调的工艺。

表 1-3-26   颜色微调工艺

名　称	工　艺
施工工序	素色漆既可以用单工序也可以用双工序施工,比如一辆白色的车既可以用直接有光泽的白色漆修补(一般是双组分),这称为单工序;也可以喷涂无光泽的白色漆后,再喷涂清漆,这称为双工序。比较高档的轿车,其素色漆都是采用双工序喷涂工艺的。修补时应该采用与原厂漆膜相同的施工工艺,可以得到非常接近的效果。如果你不知道需要修补的汽车的油漆是单工序还是双工序,可以用砂纸或粗蜡打磨修补区域,如果砂纸或粗蜡打下的是树脂状的透明物质,这是清漆,是双工序的;如果打磨下来是与车身相同的颜料,则是单工序
光泽、橘皮和鲜映性	漆膜的光泽会影响人们对颜色的感觉,漆膜的光泽降低会使人感觉颜色的色度降低了;橘皮是色浆层或清漆层上的波浪形纹理;鲜映性可以理解成漆膜的镜面效果,漆膜的鲜映性受漆膜的颜色、光泽、橘皮等诸多因素影响。在实际修补过程中修补部位的光泽、橘皮和鲜映性很难控制,修补上去的聚氨酯油漆的漆膜往往比原漆膜光泽高,可以通过抛光使光泽变化慢慢过渡,使新旧漆膜融合为一体
"先入为主"的印象	(1) 确定的颜色代码正确吗? 因为车身标识牌中有一系列数字和字母,有时用一组代表内饰、附件颜色等代码当作车身颜色代码,而恰巧又能查出配方。这种情况不多,只要有一定调色经验的人是可以避免的
	另外一种情况是:一个颜色代码是否只代表一个颜色?颜色代码是汽车生产厂商制订的,用一组数字、一组字母或者数字字母组合代表某个颜色。有的厂商会用同一个代码代表数个不同的颜色,如通用汽车公司的 51L 代码就代表三个不同的颜色。所以查配方时要特别注意
	(2) 油漆搅拌均匀吗? 油漆是否搅拌均匀是一个贯穿调色和喷涂过程中一个重要的因素。油漆上调色架之前就必须用震荡器震荡均匀,或打开罐盖用调漆尺搅拌均匀。因为油漆生产出来后到最终用户一般要在半年以上,进 E1 油漆时间可能会更长些。在贮存过程中油漆中的颜料或树脂会沉淀在罐子的底部,如果不搅拌均匀就上架,影响调色的准确性。调色架上的油漆每天都要搅拌两次,一次 15～20min。根据配方准确称重,往容器内加入色母,最后把称出的色母仔细地搅拌均匀,要把容器壁上附着的油漆都刮下来搅拌均匀。加稀释剂(固化剂)后要充分搅拌均匀。每道喷涂之间要让溶剂挥发,再拿起喷枪时,要晃动喷枪,使枪壶内的油漆混合均匀,在喷涂颜料容易沉淀的银粉漆和珍珠漆时尤其要注意。总之,油漆必须搅拌均匀并要贯穿调色、喷涂工作的始终
	(3) 喷涂样板的条件是否与修补汽车时的条件相同? 喷涂条件对银粉漆和珍珠漆的颜色影响比较大,对素色漆的影响较小。样板上的油漆完全干燥后再比色
	(4) 油漆喷涂达到完全遮盖了吗? 有些颜色的遮盖力比较差,在喷涂样板或者修补时一定要达到完全遮盖。使用遮盖力贴纸可以知道油漆是否完全遮盖,遮盖力贴纸是一种印有黑白格的不干胶贴纸,贴在喷涂样板上或者贴在喷涂部位附近,只有当黑白图完全遮盖,油漆才达到完全遮盖
	(5) 是否色浆/清漆双工序做法? 如果是双工序的做法,一定要喷涂清漆后才可以比较颜色,特别是对于金属漆
	(6) 此颜色代码是否有其他差异色配方? PPG 会利用车身样板库,追踪同一代码的颜色是否产生偏差,如果有偏差,而且这种偏差的持续的时间比较长,就会公布差异色配方;有时某个颜色差异色配方多达五、六种。PPG 除了公布配方,还会给您提供差异色卡,帮助您更好地进行调色
	(7) 是否露出车身的真实颜色? 汽车使用久了,表面有很多细微的擦痕,有的漆膜表面有轻微的粉化物,要把需要修补的车身清洗干净,必要时用抛光蜡擦亮漆膜,露出漆膜的真实颜色,这样与色卡或色板的对比才能得到正确的结论

3）微调方法

（1）方法 1——加量法。

① 说明：根据配方,向油漆中添加所需的色母,并进行调整。

② 特点：加量法往往使颜色的走向趋于浑浊。

（2）方法 2——减量法。

① 说明：根据配方,来进行颜色的调整。

② 特点：减量法使颜色更干净,可减少油漆的浪费。

现场配方微调的时候往往涉及到一种或几种色母的增加或减少。无论使用哪种方法,都必须用原始配方喷一块样板,干燥后与实际需要修补的车身(标准)作对比。当色板比标准更浅时,使用加量法;比标准更深、浊时,使用减量法。

4）银粉漆微调

银粉漆通常是两工序,单工序较易产生发花等缺陷。

（1）微调要点。

① 如果是微调银粉漆或珍珠漆时,我们需要考虑：

◆ 正面和侧视色调的比较;

◆ 银粉颗粒大小;

◆ 银粉的闪亮程度。

② 微调银粉漆时还需要注意的要点：

◆ 银粉排列方式,清漆层的喷涂;

◆ 银粉颗粒类型;

◆ 无机颜料和有机颜料;

◆ 环境因素和施工技术的影响。

③ 影响银粉排列的因素：

◆ 喷涂技术;

◆ 观察的位置和周围环境;

◆ 光源和光的质量;

◆ 务必按照实际施工的条件喷涂试板,并且要等颜色干燥后再辨色;

◆ 在判断颜色准确性之前应先确保正、侧色调的关系正确。

④ 清漆层的影响：

◆ 喷涂时要按照实际施工的条件操作;

◆ 漆膜干燥后再进行辨色;

◆ 漆面的纹理也会影响颜色例如:光泽度、橘皮、膜厚银粉色母的影响;

◆ 通常用银粉色母调整银粉漆的亮度,若加入白色母,则会使侧光变浅,正光变灰;

◆ 银粉颗粒尺寸的大小影响颜色效果;

◆ 银粉颗粒的形状(椭圆形或不规则形)影响颜色效果。

⑤ 颜料：

使用白色母、含铅铬的色母以及氧化铁红和氧化铁黄的色母时请注意：

◆ 少量使用以避免出现乳白效果;

◆ 对侧面效果有显著影响。

（2）其他。

① 侧视色调：相对于从垂直角度正面观察颜色，颜色的侧视色调是指从侧面角度观察时所看到的颜色，由于银粉在漆膜中的取向不同，侧视色调有时与正面色调不同。最常见的差别是，侧视色调比正面颜色暗，这时就要"将侧视色调变亮些"。

② 银粉的取向：银粉色母的颗粒大小决定漆膜正侧光，一般颗粒大，正光亮，侧光暗，所以小粒度银粉能使侧光变浅。

5）珍珠漆微调

珍珠漆分为双工序和三工序两种施工方式。通常情况下，油漆中加入珍珠色母会使颜色正面变浅。

（1）微调要点。

① 微调两工序珍珠漆应额外注意的是：

◆ 云母片的排列以规范的喷涂操作为前提；

◆ 遮盖力混合后的云母片仍然透明，光源会影响对遮盖力的判断，如有疑问，再喷涂一道；

◆ 清漆　按照实际施工的条件喷涂清漆，应待漆膜固化后再进行辨色；

◆ 观察条件正、侧角度的色调要同时观察，在日光下进行辨色。

② 微调三工序珍珠漆应注意：

◆ 漆膜颜色来源于底色和珍珠层的总和，一般底色决定侧面颜色，珍珠决定正面颜色；

◆ 底色层的遮盖情况，通常喷涂珍珠层越厚，珍珠闪光越不明显，侧面颜色越浑浊；

◆ 底色层的颜色；

◆ 珍珠层的喷涂道数；

◆ 清漆层；

◆ 观察的光源和角度。

（2）三工序珍珠漆微调与喷涂步骤。

总体上有 8 个步骤：

① 面漆喷涂前制作分色样板比色；

② 面漆喷涂前遮蔽；

③ 面漆喷涂前前处理；

④ 喷涂颜色层；

⑤ 喷涂底层清漆；

⑥ 珍珠层浑浊喷涂；

⑦ 喷涂珍珠层；

⑧ 喷涂清漆。

（3）每步骤的技术要点：

① 面漆喷涂前制作分色样板比色：对于所有三工序珍珠色的修补来说，喷涂试板进行对色是非常重要的步骤。三工序珍珠的特殊性在于，珍珠多喷一层和少喷一层，颜色都会有很大差别，所以三工序的试板制作，是要喷涂分色样板，分色样板制作方法如下：

笔记

◆ 施涂颜色层至完全遮盖;

◆ 颜色层完全干燥后,贴护为 4 部分;

◆ 每喷涂一道珍珠色漆,去除一层遮蔽纸,这样样板的四部分分别有四层、三层、二层、一层珍珠色漆;

◆ 珍珠层闪干后,在整个试板上喷涂清漆;

◆ 待分色样板清漆干燥后,与经过抛光的邻近修补区的原车身作比较,确定在底色漆不变的情况下,喷涂几层珍珠色漆颜色最为接近;

◆ 因为三工序珍珠色是颜色层和珍珠层的合成颜色,通常颜色大多取决于颜色层。所以,如果四层珍珠色和车身颜色还是不符,请继续微调颜色层,不要试图通过增加珍珠层来达到颜色一致,这会导致清漆附着力不良。

② 面漆喷涂前遮蔽,与其他颜色车辆相同。

③ 面漆喷涂前前处理,与其他颜色车辆相同。

④ 喷涂颜色层:颜色层必须达到完全遮盖中涂底漆,范围逐层扩大,每一层颜色层喷涂之前须确保上一层已充分干燥避免干喷。最后一层可添加 50%接口稀释剂,由颜色层部位延伸喷涂,以达到一个平滑的晕色区域。

⑤ 喷涂底层清漆:将底层清漆在修补范围薄喷 1～2 次,底层清漆:(清漆+固化剂):稀释剂=1:1,目的:防止晕色部位漆尘影响及静电导致珍珠不均匀。

⑥ 珍珠层浑浊喷涂:在珍珠层涂料中加入少量的颜色层涂料,在颜色层与珍珠层之间喷涂中间颜色层,使晕色部位模糊不清。珍珠层浑浊第一次比例:珍珠层(已稀释):颜色层(已稀释):90%:10%,珍珠层浑浊第二次比例:珍珠层(已稀释):颜色层(已稀释)=99%:1%,喷涂范围逐层扩大。

注意:喷涂浑浊的珍珠层可能会改变颜色,若发现任何的颜色改变时,须减少颜色层涂料的比例。

⑦ 喷涂珍珠层:根据第一步骤喷涂制作分色样板时确定的需喷涂珍珠层数来喷涂,每一层珍珠层需作进一步延伸以使颜色得到充分过渡,消除颜色差异,喷涂珍珠层时气压不可过高。

⑧ 喷涂清漆,与其他颜色车辆相同。

综上所述,要取得三工序珍珠色修补的完美效果,必须采用正确的修补工艺,可能会感觉比较繁琐。但和返工相比,返工会需要花费更多的时间和成本,而且会影响顾客的满意度,所以请严格遵循以上步骤进行操作。

3.喷涂面漆

1) 遮盖

遮盖是一种保护方法,用胶带或纸盖住不要修饰的表面,也用于在打磨、脱漆或抛光时保护相邻的表面。

表 1-3-27 叙述了遮盖设备及材料。

表 1 - 3 - 27　遮盖设备及材料

名　称	说　明	图　片
遮盖纸	遮盖纸优于报纸,因为它没有灰尘,而且可以抵抗涂料溶剂,也比较方便,因为它有各种不同的尺寸。遮盖纸有各种不同的厚度,供不同的修饰及施涂使用。例如,可以防止溶剂穿透的厚纸,以及具有铝箔衬里的耐热纸	
遮盖纸供应机	只能从供应机中拉出适量的纸。同时,还可以将遮盖胶带附在遮盖纸上 供应机可装各种不同宽度和类型的遮盖纸卷 (有些供应机可以装乙烯薄膜卷)	遮盖纸　遮盖胶带　乙烯薄膜
乙烯薄膜	乙烯薄膜是很薄的乙烯材料,其宽度一般比遮盖纸宽。因此,它特别适用于盖在工作表面周围大的表面上,防止喷雾外逸	
特别的遮盖覆盖罩	车身罩可以罩住整部汽车,而仅暴露需要涂装的部分。这些覆盖罩可以反复使用。还有其他覆盖罩,例如轮胎罩	
遮盖胶带	汽车用的遮盖胶带必须能抗热和抗溶剂,而且其黏合胶应该在剥落以后不会黏在车身表面上。在市场上供应的种类繁多的遮盖胶带中,必须按所进行的工作的类型选用合适的遮盖胶带	A 不粘剂 B 背衬 C 底层涂料 D 黏合剂
按耐热性分类	(1) 用于空气干燥涂料 　　与以硝基纤维为基础的涂料一起使用,如果受热,黏胶剂将黏在车身上 (2) 用于强制干燥涂料:与以氨基甲酸酯为基础的涂料一起使用,可以抵抗 60～80℃(140～176℉)的热 (3) 用于烤漆 　　与烤漆一起使用,可以抵抗 130～140℃(226～284℉)的热 提示: 即使遮盖胶带的抗热力耐得住干燥温度,但是,如果涂层对溶剂的抵抗力弱,它可能会受到遮盖胶带上黏合剂中的溶剂的影响。这将会在被遮盖的表面上留下胶带的印子	

名 称	说 明	图 片
按底材分类	(1) 纸质 用于防止喷雾外逸黏到车身上,并将遮盖纸固定。用于一般的区域 (2) 塑料质 用于阴阳色施涂及圆边界	
缝隙胶带	缝隙胶带是一种遮盖材料,作于在发动机罩或车门处防止涂料透入缝隙。缝隙胶带用聚氨酯泡沫体,并加入黏合剂而制成,因此它简化了有缝隙区域的遮盖。它呈圆柱形,因此可以防止喷涂出台阶,使涂装的表面很容易打磨	
密封条的遮盖材料	因为密封条或嵌条与车身接触,所以当遮盖车窗时,很难确保顺利分离。结果,涂料会黏在密封条上。在这种情况下,可以在密封条下面嵌一种特别的产品,以便在车身与密封条之间产生缝隙	

2) 遮盖方法

表1-3-28叙述了遮盖方法。

表1-3-28 遮盖方法

名 称	说 明	图 片
反向遮盖	所谓反向遮盖方法是指遮盖纸在敷贴时里面朝外,所以沿边界黏有一薄层漆雾。这种方法用于尽可能减小台阶,使边界不太引人注目。当处理小面积(例如在进行点重涂)时,边界可以规定在一个给定的车身板内	
成块重涂时的遮盖	为了进行成块重涂,翼子板或车门之类的板件必须单独遮盖。如果板块有孔口(例如供放装饰件用的孔,或板件之间的缝隙),它们必须遮盖,以防漆雾进入这些区域,如果覆盖孔口有困难,那么可以从里面遮盖孔口,从而防止漆雾黏至内部部件上	

笔记

名　称	说　明	图　片
隐蔽处的遮盖	（1）重涂后侧钣金件 当重涂没有边界的钣金件时（例如图所示的情况），得用反向遮盖法来重涂板件。为了确保涂料喷涂不会产生喷涂台阶，该区域必须用反向遮盖方法加以遮盖	
	（2）重涂翼子板尾端 为了重涂翼子板的尾端，该区域必须用点重涂方法进行重涂。由于点重涂的涂装面积小于块重涂，仅遮盖翼子板的尾端部分就足够了	

3）面漆涂装前的准备工作

表1-3-29叙述了面漆涂装前的准备工作。

表1-3-29　面漆涂装前的准备工作

名　称	说　明	图　片
清洁喷涂室	先用吹尘枪吹除喷涂室内部（包括天花板）的灰尘和碎屑，然后才能将汽车开入喷涂室。此外，用水冲地板，防止灰尘飘浮在空气中，以防涂装表面落上尘粒	
用空气吹待涂表面	用空气除尘枪，将压缩空气吹至要重涂的表面及相邻区域，以确保这些区域完全没有灰尘、污物及水汽。一定要吹除发动机盖、行李箱盖或翼子板之间的间隙中的灰尘	
提示	在吹除车身板之间的间隙中的灰尘时，所用的压缩空气的压力要略高于喷涂时所用的压力。如果这个除尘工作做得不彻底，那么残留的灰尘或污物可能在喷涂时出现在表面上，从而产生"颗粒"。为了不让涂料喷至不需要涂装的表面，一定不能让遮蔽胶带剥落。在给汽车除尘时，一定要使喷涂室处于运作状态，否则吹动的灰尘又会再附着于汽车上	
空气吹涂装者的工作服	涂装者必须穿涂装工作服，以防将灰尘或碎屑带到汽车上。涂装者还必须用空气除尘枪来自我吹拂，以吹去身上的灰尘和碎屑，然后再开始涂装	

续 表

名　称	说　明	图　片
除油	用浸有除油剂的棉(白)布擦车身板表面,使其湿润。用清洁的和干燥的棉布将已浮起的油迹在干燥前擦除	
提示	如果金属上有油迹,那么它们日后会使涂料起泡或剥落	
黏尘布清洁	在施涂面漆以前,用黏尘布轻擦要涂装的表面	
提示	在使用新黏尘布以前,先将它完全摊开,然后再将它轻轻折起来,以便黏尘布能更加适合物体的外形。如果黏尘布太黏,可以将它放在阴凉处晾干一、二天。不要让清漆留在表面上,否则它们在日后会使涂料起泡。但是,在擦拭要涂装的表面时,不要用太大的力	
混合(双组分涂料的)固化剂	必须按涂料制造商的指示,准确称量固化剂,然后再将它与涂料混合。如果不切实这么做,则可能产生各种问题,例如剥落、龟裂、染色或水斑	
混合稀释剂	原始状态的涂料太黏,不适合于空气喷枪施涂。因此,涂料必须用稀释剂稀释至适合喷涂的水平。在稀释涂料时,请使用涂料制造商规定的稀释剂	
将涂料混合物倒入空气喷枪	(1) 用搅杆彻底搅拌涂料、固化剂及稀释剂的混合物	
	(2) 将漆杯置于涂料滤网的下面,并且将涂料倒入涂料滤网,继而漏入漆杯。如果漆杯装满了,涂料可能通过透气孔漏出。为了防止发生这种情况,涂料的充装量不要超过 3/4 杯	
	(3) 盖紧漆杯盖	

4) 面漆喷涂

本节介绍使用双组分丙烯酸—聚氨酯涂料的表面喷涂工序。这里所提供的空气压力、喷枪距离及所有其他条件仅供参考。实际参数可能因实际的工作环境及所用的涂料类别而异。必须参阅涂料制造商的涂料目录,以了解特别的说明。

表1-3-30叙述了以前翼子板为例的重涂工序。

表1-3-30 前翼子板为例的重涂工序

序号	工　作　说　明	空气压力/(MPa)	喷枪距离/cm	排出量(拧紧流体喷嘴调整螺钉然后再放松几圈)
1	雾罩喷涂 (1) 施喷涂料的量以足以让涂层有少许光泽为准 (2) 检查表面有无缩珠。如果有缩珠,要提高空气压力,并常用干涂法喷涂表面,以便吹除缩珠	0.3	20	2
2	彩色涂层喷涂 (1) 涂料喷涂到可以看见光泽和底材被遮住为止 (2) 一定要完全遮盖住底材。否则,在适当的置放(期间溶剂蒸发)时间以后,重复步骤(1) 提示: 如果底材没有完全遮盖住,那么仅需重涂暴露的面积:这时要降低空气压力和减少排出量,并且喷枪要靠表面一些,以免相邻面积变粗糙	0.3	15	3
3	修饰 涂料喷涂到涂层的纹理和光泽达到均匀为止。喷涂室里的荧光灯很适合于照涂料表面,以检查其纹理及光泽	0.3	15	3
4	干燥 固化10～20min;然后,在60℃下干燥表面大约50min 所谓固化时间是指表面在加热干燥以前空气干燥过程,涂料中的溶剂自然蒸发			

（1）涂装前翼子板。

表1-3-31叙述了涂装前翼子板的情况。

表 1-3-31　涂装前翼子板

说　明	图　片
涂装与前门相邻的边缘	①
沿着轮廓线涂装	②
涂装轮拱内部	③　④
涂装顶面从上至下涂装侧面至轮拱	⑤
涂装前段的下部	⑥
涂装后段的下部	⑦
涂装底部	⑧

（2）涂装车门。

表 1-3-32 叙述了涂装车门的情况。

表 1-3-32 涂装车门

序号	说　　明	图　　片
1	涂装左边边位	
2	然后,涂装右边边位	
3	沿车身装饰条带上面的表面涂装	
4	由上至下涂装整个门板	
5	涂装底边	

提示：

① 静置时间。静置时间是下一道涂装以前静置的时间,用于让溶剂充分蒸发。当使用丙烯酸聚氨酯涂料时,静置时间在 20℃ 以下为 3~5min。如果涂层的静置时间不足,那么大量溶剂就会留在涂层中,并且会引起流挂或其他瑕疵。

② 固化时间。在涂料刚施涂以后,溶剂蒸发得很快。在此期间,如果加热,稀释剂或溶

剂将会迅速蒸发,并且会引起诸如花脸和针孔之类的瑕疵。因此,必须让新涂层静置 10~20min,使溶剂自然蒸发,然后才能对涂层进行强制干燥。涂料静置的 10~20min 称为涂料的"固化时间"。

根据所用涂料的种类、涂层的厚度、溶剂的种类和分量,以及周围温度确定静置时间及固化时间的长短。例如,当所用的是双组分丙烯酸聚氨酯涂料,而且其稀释剂的挥发速度慢时,当涂料施涂成厚涂膜时,或者当周围温度很低时,所需要的固化时间就比较长。大家知道,溶剂的蒸发时间与涂膜厚度的平方成正比。这就是说,如果厚度翻一番,那么固化时间及静置时间必须乘以 4。

(3)干喷和湿喷。

表 1-3-33 叙述了干喷和湿喷的对比。

表 1-3-33 干喷和湿喷

名称	说　明
干喷	这是喷涂量很小的、涂膜又薄又干而且没有光泽的涂层,也是产生这种涂层的涂装技术
湿喷	这是喷涂量大、又厚又有流动性而且有光泽的涂层,也是产生这种涂层的涂装技术

表 1-3-34 叙述了干喷和湿喷的对比。

表 1-3-34 干喷和湿喷对比

喷涂条件	干喷	湿喷
排出量	较少	较多
空气压力	较大	较小
喷枪距离	远	近
喷枪速度	快	慢

(4)点重涂。

表 1-3-35 叙述了翼子板的尖部重涂工序。

表 1-3-35 翼子板的尖部重涂工序

序号	说　明	空气压力/(MPa)	喷枪距离/cm	排出量(拧紧流体喷嘴调整螺钉然后再放松几圈)
1	雾罩涂层喷涂 (1)喷涂涂料,以便在中涂底漆表面形成薄膜 (2)检查表面有无缩珠。如果缩珠,提高空气压力,并用干喷法喷涂该表面,以便吹涂缩珠 提示: 用#1500 或更细的防水砂纸打磨该表面,再用细粒打磨剂打磨晕色区域	0.15	100~150	3/4

笔记

序号	说　明	空气压力/（MPa）	喷枪距离/cm	排出量（拧紧流体喷嘴调整螺钉然后再放松几圈）
2	彩色涂层喷涂 施涂若干层涂料，直至中涂底漆面积完全遮盖，同时在每涂一道以后要留静置时间 提示：使用黏性布，从相邻表面上擦去任何喷涂灰尘，每一层的涂层覆盖面积都要比前一层大 第三层 第二层 第一层	0.15	100～150	1～1/2
3	修饰 仔细施涂涂料，以产生均匀的纹理及光泽 提示： 施涂涂料，使覆盖面稍稍宽于彩色涂层部分 修饰 彩色涂层喷涂	0.15	100～150	3/4
4	晕色 （1）仔细施涂，一定要使沿重涂区边缘的漆雾很好地融和 提示： ①同等量的稀释剂或驳口水稀释修饰涂料，以便漆雾区很好融合；根据经验，理想的结果是半色泽的饰面 ②要趁漆雾未干时快速完成此工序 第二次晕色 第一次晕色 （2）用等量稀释剂稀释涂料，并且喷涂表面，融和漆雾面积 提示： ①晕色应该在尽可能小的面积内进行 ②晕色应该这样进行：你离重涂面积越远，光泽越少 小心： 一定要使晕色表面没有粗糙斑点。晕色表面很薄，粗糙斑点经不住彻底的抛光	0.15	100～150	1～1/2
5	干燥 固化10～20min，然后在60℃下干燥表面大约50min			

笔记

4. 面漆修饰

面漆的喷涂结束以后,涂装的工作已经大部分完成,但还需要进行最后的修整工作。涂膜的修整主要包括清除贴护、修理小范围内的故障和表面抛光等。

1)遮盖物的处理

喷涂工作完毕之后,封闭不喷涂部位的胶带和贴护纸的作用就已经完成,可以清除掉了。

表1-3-36叙述了遮盖物的处理。

表1-3-36 遮盖物的处理

名 称	说 明
强制干燥的处理	要趁汽车车身还未冷却时撕去粘贴遮盖物,这样比较省事,因为冷却后胶带会变硬,难以撕掉
自然干燥的处理	应在喷漆结束后10~15min,再撕去胶带
硝基类涂料的处理	待涂膜干燥到能用手指触摸的程度,就可以撕去胶带,若待完全干燥后再撕,容易弄坏涂膜。在撕下遮盖物时,要十分细致、小心,否则易损坏涂膜,带来不必要的麻烦

提示:

遮盖物妥善处理好,不要到处乱丢,避免污染环境。

2)抛光

抛光就是通过打磨的方法,除去附着在涂膜表面的灰尘和小麻点,对表面粗糙和起皱处等平整度不良的部位进行修整,以达到涂膜表面更加光泽、消除晕色的目的。该项作业是对涂膜的精加工,必须仔细进行。

表1-3-37叙述了油漆修补后最常见的漆膜缺陷。

表1-3-37 油漆修补后最常见的漆膜缺陷

序号	说 明	图 片
1	重涂表面与原始表面之间的纹理上的差异	重涂部分 原始部分
2	由于灰尘和碎屑附着而在涂料表面上形成的颗粒	
3	涂料流挂	
4	在荫蔽以后在干燥过程中由于溶剂或稀释剂的蒸发导致的光泽减退	

3）抛光操作

表1-3-38叙述了抛光操作。

表1-3-38　抛光操作

	说　　明	图　　片
灰尘和小颗粒嵌入较浅时	用1000～1500号水砂纸进行湿打磨,去掉灰尘和小颗粒。洗净表面,干燥后再用细研磨膏研磨,去掉砂纸痕	将灰尘和麻点的突出部分轻轻打磨掉
晕色处理时	应用超细微的研磨膏,薄薄地涂在晕色部位,然后用装了海绵毡打磨头的抛光机进行打磨。研磨时应注意,抛光和打磨头只能轻轻接触涂膜,边观察光泽和涂膜状态,边仔细操作。要特别注意:晕色部位涂膜很薄,容易磨穿而造成露底现象	晕色区采用超细微的研磨膏和海绵抛光轮进行研磨

4）打蜡

抛光作业完毕后,应彻底清洗车身,待干燥后,才能给汽车涂膜打蜡。汽车打蜡的主要目的是保持车身漆面亮丽整洁,保护车漆。

打蜡分为手工打蜡和机械打蜡两种。不管哪种方法其基本程序是上蜡、凝固、抛光。

手工打蜡简单易行。首先是上蜡,将适量的车蜡涂在专用打蜡海绵上(这种海绵与车蜡配套销售),每次按0.5m²的面积往复直线涂抹涂匀,每道涂抹应与上道涂抹区域有1/5～1/4的重合度,防止漏涂及保证均匀涂抹。值得注意的是,在边、角处的涂抹应避免超出漆面。上完蜡后,等待几分钟时间,待车蜡凝固。最后用无纺干毛巾往复直线擦拭抛光,以达到光亮如新、清除剩余车蜡的目的。

机械打蜡是将液体蜡转一圈倒在打蜡机上蜡盘套上,每次按0.5m²的面积涂匀,直至打完全车。值得注意的是在边、角处的涂抹应避免超出漆面,在这方面手工上蜡更容易把握。上完蜡后,等待几分钟时间,待车蜡凝固。将抛蜡盘套装上,确认绒线中无杂质。开启打蜡机,将其轻放在车体上横向或纵向进行覆盖式抛光,直至光泽令人满意。

5）抛光时的注意事项

(1) 在干燥前除去遮蔽胶带的边界上重新贴上遮胶带。这是为了防止抛光剂附着于车厢门窗密封条或嵌钉条等橡胶或塑料材上,因为一旦黏上便很难除去。

(2) 用双手紧握抛光机,同时将电线或空气软管通过肩膀置于身后,以防电线或空气软管缠结。

(3) 如果有余量抛光剂留在涂料表面上,那么抛光剂中的溶剂可能损坏涂料。

(4) 先将抛光垫抵压在表面上,然后再开动抛光机。如果抛光机在接触表面以前就旋转,那么它很容易划伤涂料。

(5) 抛光机在抛光涂料表面时必须不停地移动。如果任其在一个地方停留若干时间,那么涂料便会被热软化,并且可能被抛光垫和抛光剂(因为抛光剂会嵌入涂料中)所划伤。此外,摩擦热可能引起板件变形。

(6) 使用喷雾瓶向工件表面及抛光垫喷水,这可以防止板件变热,被抛光剂黏住。

四、检验评估

检验与评价内容	检 验 指 标	权重	自评	互评	总评
维修质量检验	(1) 会色号的查找 (2) 会调配颜色 (3) 会喷涂前的遮盖 (4) 喷涂面漆均匀、无露底、无流挂现象 (5) 掌握漆面的修饰 (6) 掌握抛光机的使用				
检查任务完成情况	(1) 能描述查找色号的方法 (2) 能描述调配颜色的过程 (3) 能描述喷涂遮盖的要求 (4) 能描述面漆喷涂的方法 (5) 能描述漆面的修饰				
职业素养	(1) 学习态度:积极主动参与学习 (2) 团队合作:与小组成员一起分工合作,不影响学习进度 (3) 现场管理:服从工位安排、执行实训室"5S"管理规定				
综合评议与建议					

五、项目拓展

想一想:

1. 金属件涂装我学会了吗?

2. 塑料件涂装又是怎样操作的?

笔记

<table>
<tr><td>Description
项目描述</td><td colspan="2">一辆轿车后保险杠事故损伤需涂装修复作业
你是一名初学者,因如何对待修车辆实施涂装作业</td></tr>
<tr><td>Objects
项目目标</td><td colspan="2">知识目标:1. 收集汽车塑料件涂装操作规范相关信息,制订汽车塑料件涂装操作计划
技能目标:2. 能描述塑料件表面预处理的工艺流程,能正确操作塑料件表面预处理作业
职业素养:3. 能根据汽车涂装设备维护作业要求,实施日常维护作业</td></tr>
<tr><td rowspan="3">Tasks
项目任务</td><td>任务 2.1　汽车塑料表面预处理</td><td>1. 清洗
2. 损坏程度评估
3. 清除旧漆
4. 塑料底漆施涂</td></tr>
<tr><td>任务 2.2　塑料件中间涂层涂装</td><td>1. 腻子施涂
2. 腻子打磨
3. 中涂底漆施涂</td></tr>
<tr><td>任务 2.3　塑料件喷涂面漆</td><td></td></tr>
<tr><td>Implementation
项目实施</td><td colspan="2">

</td></tr>
</table>

任务 2.1　汽车塑料件表面预处理

<table>
<tr><td>任务描述</td><td>一辆轿车后保险杠事故损伤需涂装修复作业</td></tr>
<tr><td>任务目标</td><td>1. 能按涂装表面预处理工艺流程实施作业
2. 掌握清洗、损坏程度评估、清除旧漆、底漆施涂等操作工艺
3. 会调整喷枪和喷枪的操作
4. 会空气供气系统和喷枪的日常维护</td></tr>
</table>

一、维修接待

汽车车身检查表如表 2-1-1 所示,维修工单如表 2-1-2 所示。按要求填写。

笔记

表 2-1-1　汽车车身接车检查表

接车检查表/Service Advice at the Car					
日期/Date			型号/Model		
客户/Customer			车架号/Chassis No.		
电话/Telephone No.			牌照号/License No.		
首次登记日/First Reg. Date			里程/Mileage/km		
保养手册/Service Booklet	□有/Yes □无/No		燃油/Fuel	空/E　　1/2　　满/F	

内部检查/Inside check	合格 ok	不合格 not ok	需要检修 work requlred
仪表灯光/Display&Instrument lighting			
内部灯光/Interior lights			
信号系统(灯光,指示器,警告灯,喇叭) Signais (lights, indicators, hazzard,horn)			
转向/Steering			
手刹/Hand brake			
空调-鼓风机/Aircon. -Blower			
车辆及发动机检查/Vehicle & Engine check			
雨刷片/Wiper blades			
风档及车窗玻璃/Windows-glass			
空调滤芯/Microfilter			
冷却系统(防冻液)/Cooling system (Coolant)			
发动机油,转向助力油,制动液 Engine oil, Power steering&Brake fluid			
V 型皮带/V-belt/Poly V-belt			
可觉察的漏油漏水/Noticeable leaks			
动物损坏/Damage by animals			
年检/Annual Check/Emission test	有效期/due on:		
车辆检查(半举升)/Vehicle check (half-raised)			
减震器/Shock absorbers			
胎面/Tyre tread			
车辆检查(全举升)/Vehicle check (fully raised)			
发动机/变速箱泄漏 Engine & Gearbox: leaks			
前桥/Front axle			
前刹车盘片/Front brake pads/discs			
后桥漏油/Rear axle:leaks			
后刹车盘片/Rear brake pads/discs			
刹车油管/Brake lines/hoses			
排气系统/Exhaust system			
油箱/油管/Fuel tank & lines			

车辆状况
Vehicle condition

轮胎花纹深度 tread depth（mm）

轮胎花纹深度 tread depth（mm）

轮胎花纹深度 tread depth（mm）

轮胎花纹深度 tread depth（mm）

用相应符号标注车辆状况
Mark sketch as appropriate with relevant symbol

✕ 飞石击痕/stone damage　　○ 凹痕/dents
△ 刮痕/dents scratches　　▨ 撞击损坏伤/colllsion damage

□ 涂底盘防护剂/Restore underbody protection
□ 干净/Clean　　□ 脏/dirty　　□ 非常脏/very dirty

备用轮胎 Spare wheel	千斤顶 Jack	工具 Tools	CD	点烟器 Lighter	电话卡 SIM card

如果需要额外工作 / If extra work required
□ 不做 / Ieave it
□ 做 / do it
金额不超过 / up to amount of

备注/Comments:＿＿＿＿＿＿＿＿＿＿＿＿
＿＿＿＿＿＿＿＿＿＿＿＿＿＿＿＿＿＿＿
＿＿＿＿＿＿＿＿＿＿＿＿＿＿＿＿＿＿＿
＿＿＿＿＿＿＿＿＿＿＿＿＿＿＿＿＿＿＿

客户签字:　　　　　　维修顾问签字:　　　　　　日期:
Customer Signature:＿＿＿　SA Signature:＿＿＿　Date:＿＿＿

如果是估价,最后价格可能与所做估价有 15% 浮动。
For estimate, the final price may have a variance of 15% from the above estimated price.

公司存根

认真检查待修车辆，并填写好维修工单，如表 2-1-2 所示。

表 2-1-2　维修工单

授权经销商	××××××服务有限公司		
地址：　　　　邮编：　　　　电话：　　　　传真：			

客户姓名		WIP 编号	
省　　　市		客户编号	
住　　址		工 单 号	
邮　　编		日　　期	
移动电话		传　　真	
车　　型		底 盘 号	
车 牌 号		发动机号	
里 程 数		首登日期	
上次保养	上次维修	维修顾问	
预约进厂	预约出厂		

项　目	描　述	备　注
1	右车门损伤修复　（车主自付款）	
2	右车门钣金件修复　（工时费　　　）	零件费另计
3	右车门涂装　（工时费　　　）	

工时费	￥	零件费	￥	合计￥	
车内有无贵重物品			有□	无□	
旧件是否放回车尾箱			是□	否□	
洗　车			是□	否□	
付款方式	现金□		支票□	信用卡□	

客户签名＿＿＿＿＿＿　维修顾问签名＿＿＿＿＿＿＿＿　日期＿＿＿＿＿＿

如果是估价，最后价格可能与所做估价有 15% 浮动！

二、信息收集与处理

按表 2-1-3 完成任务 2.1 的信息收集与处理。

表 2-1-3　信息收集与处理

塑料底漆

序号	项目名称	作　用
1		
2		
3		
4		
5		
6		

1. 塑料分类：_____

2. 塑料有什么优、缺点：_____

3. 塑料件表面预处理的目的：_____

4. 施涂塑料底漆的作用：_____

1. 塑料

塑料在汽车上的应用发展很快,从最初的内饰件和小机件,发展到可代替金属制造各种配件,近年来,全塑料车身汽车也已问世。用塑料代替金属,既可获得汽车轻量化的效果,还可改善汽车某些性能,如耐磨、防腐、避振、减少噪声等。因此,随着汽车工业的不断发展,塑料越来越受到人们的重视。

表2-1-4叙述了塑料的优缺点。

表2-1-4 塑料的优缺点

名　称	说　　　明
塑料的优点	(1) 大部分塑料的抗腐蚀能力强,不与酸、碱起反应 (2) 塑料制造成本低 (3) 耐用、防水、质轻 (4) 容易被塑制成不同形状 (5) 是良好的绝缘体 (6) 塑料可以用于制备燃料油和燃料气,这样可以降低原油消耗
塑料的缺点	(1) 回收利用废弃塑料时,分类十分困难,而且经济上不合算 (2) 塑料容易燃烧,燃烧时产生有毒气体 (3) 塑料是由石油炼制的产品制成的,而石油资源是有限的

2. 塑料的组成

塑料是以合成树脂为基体,并加入某些添加剂,在一定的温度和压力下,能塑造成各种形状制品的高分子材料。

表2-1-5叙述了塑料的组成。

表2-1-5 塑料的组成

名　称	组　　　成		
合成树脂	是从煤、石油和天然气中提炼的高分子化合物,在常温下呈固体或黏稠液体。合成树脂是塑料的主要成分,它的种类、性质及加入量的多少对塑料的性能起着很大的作用。因此,大部分的塑料是以所加树脂的名称来命名的。工程上常用的合成树脂有酚醛树脂、环氧树脂、氨基树脂、有机硅树脂和聚氯乙烯、聚苯乙烯等		
添加剂	加入添加剂是为了改善塑料的性能,以扩大其使用范围。它包括填料、增塑剂、稳定剂、固化剂、着色剂等		
	填　料	主要是起强化作用,同时也能改善或提高塑料的某些性能,如加入云母、石棉粉可以改善塑料的电绝缘性和耐热性。加入氧化硅可提高塑料的硬度和耐磨性等	
	增塑剂	提高塑料的可塑性与柔软性	
	稳定剂	提高塑料在光和热作用下的稳定性,以延缓老化	
	固化剂	促使塑料在加工过程中硬化	
	着色剂	使塑料制品色彩美观,以适应不同的需要	

提示:

各类添加剂加入与否和加入量的多少,均视塑料制品的性能和用途而定。

3. 塑料的分类

塑料的种类很多,按其热性能不同,可分为热固性塑料和热塑性塑料两大类。

表2-1-6叙述了塑料的分类。

表2-1-6　塑料的分类

名　称	说　明
热固性塑料	是指经一次固化后,不再受热软化,只能塑制一次的塑料。这类塑料耐热性能好,受压不易变形,但力学性能较差。常用的有环氧塑料、酚醛塑料、氨基塑料、有机硅塑料等
热塑性塑料	是指受热时软化,冷却后变硬,再加热又软化,冷却又变硬,可反复多次加热塑制的塑料。这类塑料加工成形方便,力学性能较好,但耐热性相对较差、容易变形。热塑性塑料数量很大,约占全部塑料的80%,常用的有聚乙烯、聚氯乙烯、聚四氟乙烯、聚苯乙烯、聚丙烯、ABS、聚甲醛、聚苯醚、聚酰胺等

4. 塑料的主要特性

塑料具有许多优良的物理、化学性能和力学性能。

表2-1-7叙述了塑料的主要特性。

表2-1-7　塑料的主要特性

名　称	说　明
质量轻	一般塑料的密度在$0.83\sim2.2g/cm^3$范围内,仅是钢铁的$1/8\sim1/4$,而泡沫塑料则更轻,密度在$0.02\sim0.2g/cm^3$之间。因此,用塑料制造汽车零部件,可大幅度减轻汽车的整车质量,降低汽车自重,减小油耗
化学稳定性好	一般的塑料对酸、碱、盐和有机溶剂都有良好的耐蚀性能。特别是聚四氟乙烯,除了能与熔融的碱金属作用外,其他化学药品包括"王水"也难以腐蚀。因此,在腐蚀介质中工作的零件可采用塑料制作,或采用在表面喷塑的方法提高其耐蚀能力
比强度高	所谓比强度,是指物质单位质量的强度。尽管塑料的强度要比金属低些,但由于塑料密度小、质量轻,因此以等质量相比,其比强度要高。如用碳素纤维强化的塑料,它的比强度要比钢材高2倍左右
良好的电绝缘性能	塑料几乎都有良好的绝缘性,它可与陶瓷、橡胶和其他绝缘材料媲美。因此,汽车电器零件广泛使用塑料来作为绝缘体
优良的耐磨、减摩性	大多数塑料的摩擦系数较小、耐磨性好,能在半干摩擦甚至完全无润滑条件下良好地工作。所以可作为耐磨材料,制造齿轮、密封圈、轴承、衬套等
良好的吸振性和消声性	采用塑料轴承和塑料齿轮的机械,在高速运转时,可平稳无声地转动,大大减少噪声,降低振动

提示:

但塑料也有不少缺点,主要有:与钢相比其力学性能较低;耐热性较差,一般只能在100℃以下长期工作;导热性差,其导热系数只有钢的$1/200\sim1/600$;容易吸水,塑料吸水后,会引起使用性能恶化。此外,塑料还有易老化、易燃烧、温度变化时尺寸稳定性差等缺点。

5. 塑料类型在汽车上的应用

表2-1-8叙述了塑料类型在汽车上的应用。

表 2 - 1 - 8　塑料类型在汽车上的应用

塑料代号	树脂名称	耐温度/℃	耐溶剂	应用例子
ABS	丙烯腈 丙烯酸橡胶 苯乙烯	80	△	车外后视镜
ABS	丙烯腈 丁二烯苯乙烯	80	△	中网
AES	丙烯腈 乙烯苯乙烯	80	△	车顶侧嵌条 侧嵌条
BMC	松散的模制 化合物	150	◎	后扰流板 发动机罩凸起部分
PC	聚碳酸酯	160	△	大灯
PE	聚乙烯	80	◎	轮装饰板
PMMA	聚甲基丙烯酸 甲酯有机玻璃	80	△	后组合灯
PP	聚丙烯	80	◎	保险杠
PUR	热固性聚氨酯	80	△	保险杠
PVC	聚氯乙烯	80	△	侧保护嵌条 安全垫
SMC	模制化合物	180	◎	侧挡泥板
TPU	热塑性聚氨酯	80	△	大的侧保护嵌条 侧挡泥板

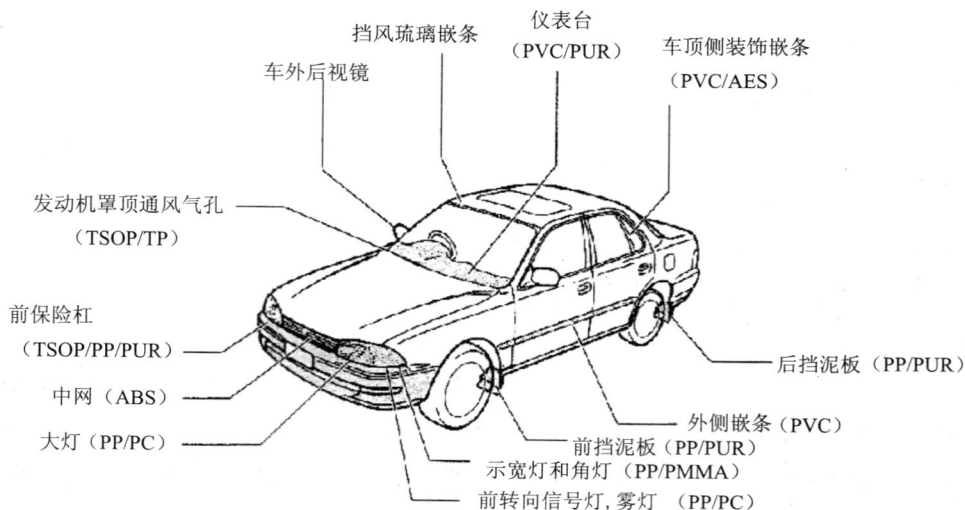

6. 塑料修正变形

表 2-1-9 叙述了塑料变形修正方法。

表 2-1-9 塑料变形修正方法

(1) 安装红外线灯,加热保险杠变形的部位和周围 (2) 打开红外线灯,调整灯光,使保险杠表面温度达到大约 40℃,保持该温度 10～20min,升高变形周围的温度。然后,将变形部位的表面温度升到 60℃,保持 5～10min。那么,大的变形部位将回复到原来的状态 (3) 用手修正其余小的变形 (4) 关掉红外线灯,冷却保险杠	

三、制订维修计划

表 2-1-10 叙述了制订塑料件表面预处理计划。

表 2-1-10 制订塑料件表面预处理计划

1. 一辆轿车后保险杠事故损伤,进入修理厂进行修复作业。经检查后保险杠损伤面积达 10%、凹陷处 30mm,该保险杠需修复及涂装处理作业
2. 查阅相关资料,塑料件表面预处理有(清洗、损坏程度评估、清除旧漆、喷涂底漆)等

工艺流程	操作示意图	技术要求或标准
1. 清洗		会塑料件清洗
2. 损坏程度评估		会塑料件损伤评估

笔记

工艺流程	操作示意图	技术要求或标准
3. 清除旧漆		会塑料件旧漆清除
4. 喷涂塑料底漆		掌握塑料底漆喷技巧

四、实施维修作业

1. 清洗

待涂装表面的清洗主要采用有机溶剂清洗。它的作用溶解和去除油脂、润滑油、污垢、石蜡、硅酮抛光剂以及手印等。

表2-1-11叙述了待涂件表面的清洗。

表2-1-11　待涂件表面的清洗

名　称	说　明	图　片
清洗	用清水和塑料清洁剂清洗待修部位,对待修表面进行除蜡、除油等处理	
	用干净的水彻底洗掉塑料件上的残留物	

2.损坏程度评估

表2-1-12叙述了损坏程度评估方法。

表2-1-12　损坏程度评估

名　称	说　明	图　片
确定修复部位	正确的评估损坏程度,是确定维修成本,保证涂装质量的关键因素之一。对损坏部位进行了正确的评估后,才能确定实修范围,从而确定各道处理工序的范围、确定过渡区域、需遮盖保护的部位需拆卸的零件等。为后续工序的正确实施及保证满意的修补质量奠定基础	

3.清除旧漆

就是采用专用电动(气动)打磨机来进行清除旧漆的方法。一般是用于小面积的旧漆膜剥离。由于采用电动(气动)工具,使工人的劳动强度降低,除漆效率高。

表2-1-13叙述了用打磨机除漆。

表2-1-13　打磨机除漆

名　称	说　明	图　片
机械打磨	用P240号干磨砂纸将需要修补的区域进行打磨	
清洁、除油	用塑料清洁剂进行二次清洁、除油,清除所有影响底漆附着力的杂质	

4.塑料底漆施涂

表2-1-14叙述了塑料底漆施涂。

表2-1-14　塑料底漆施涂

名　称	方　法	图　片
塑料底漆施涂	使用专用塑料底漆对整个需要修补的区域喷涂2层均匀的底漆	

提示：

底漆可以自然干燥、烤房烘烤或红外灯烘烤。

五、检验评估

表 2-1-15 叙述了项目二任务 2.1 的检验评估。

表 2-1-15　项目二任务 2.1 的检验评估

检验与评价内容	检 验 指 标	权重	自评	互评	总评
维修质量检验	(1) 表面清洁，能为后续工序做好准备 (2) 会损伤评估，并能熟练使用专业工具 (3) 合理地清除旧漆并且除油方法正确 (4) 喷枪操作顺畅，能分解和组装喷枪 (5) 能根据厂家要求按比例调配塑料底漆并能施涂底漆 (6) 喷涂底漆均匀、无露底、无流挂现象，预打磨质量合格				
检查任务完成情况	(1) 能描述清洗的作用 (2) 能描述损伤评估的目的 (3) 能描述专业工具的使用 (4) 能描述塑料底漆的作用 (5) 能描述专业工具的日常维护				
职业素养	(1) 学习态度：积极主动参与学习 (2) 团队合作：与小组成员一起分工合作，不影响学习进度 (3) 现场管理：服从工位安排、执行实训室"5S"管理规定				
综合评议与建议					

六、项目拓展

项目拓展

想一想：

1. 涂装前底材预处理完成后，该做什么工作？

2. 中间涂层的涂装应如何实施？

任务 2.2 塑料件中间涂层涂装

任务描述	汽车保险杠经涂装表面预处理后进入中间涂层涂装
任务目标	1. 能按施涂中间涂层的工艺流程实施作业 2. 掌握腻子的调和、腻子刮涂、腻子打磨、中涂底漆的施涂操作工艺 3. 会曲面刮涂和干磨机的使用 4. 会刮刀和干磨机的日常维护

一、信息收集与处理

按表 2-2-1 完成任务 2.2 的信息收集与处理。

表 2-2-1 信息收集与处理

序号	项目名称	作　用
1		
2		
3		
4		
5		

1. 腻子的种类：_____

2. 腻子的作用：_____

3. 中涂底漆的种类：_____

4. 中涂底漆的作用：_____

二、制订维修计划

表 2-2-2 叙述了制订塑料件中间涂层涂装计划。

表 2-2-2　制订塑料件中间涂层涂装计划

| 1. 汽车保险杠经涂装表面预处理后进入中间涂层涂装 |
| 2. 查阅相关资料,中间涂层涂装有腻子调和、腻子刮涂、腻子打磨、中涂底漆施涂等 |

工艺流程	操作示意图	技术要求或标准
1. 腻子调和		正确调配和均匀搅拌
2. 曲面刮涂		掌握曲面刮涂技巧
3. 腻子打磨		掌握特殊部位的打磨技能
4. 中涂底漆施涂		会喷中涂底漆厚度均匀、没流挂现象等

三、实施维修作业

1. 腻子施涂

表 2-2-3 叙述了腻子调和方法。

表 2-2-3 腻子调和方法

名　称	说　明	图　示
取腻子	腻子装在罐中的时候,其各种成分如溶剂、树脂及颜料分离。由于腻子不可以这种分离的形态使用,故在倒出罐子以前,必须彻底混合。腻子罐每次用后必须盖好,以防溶剂蒸发。如果溶剂蒸发了,要向罐中倒入专用的溶剂	溶剂和树脂　搅杆　颜料
取固化剂	固化剂装在软管子中,其各种成分如溶剂、树脂及颜料分离。固化剂不可以这种分离的形态使用,故要充分挤压装固化剂的胶管,使管中的固化剂在使用前充分混合	硬化剂
腻子的调和操作	将适量的腻子基料放在混合板上。然后按规定的混合比添加一定量的固化刘。一般是以100:2～100:3的比例拌和。若固化剂过多,干燥后会开裂;如果过少,就难以固化干燥。现在的腻子是将主剂和固化剂采用不同的颜色相区别,通过其混合后的颜色来判断其混合比。腻子主剂与固化剂拌和时,固化剂的容许量有一定范围,可以随气温的变化加以适当调整,具体数值应以产品说明书为准	
	(1) 混合板	(主要成分)
	(2) 使用刮刀的尖端舀起固化剂,并将它放在腻子上	刮刀
	(3) 使用刮刀的尖端,将固化剂均匀地散布在腻子基料的整个表面上	

笔记

笔 记

名　　称	说　　明	图　　示
腻子的调和操作	（4）抓住刮刀,轻轻提起其端头,再将它插入腻子下面,然后将它向混合板的左测提起	
	（5）在刮刀舀起大约 1/3 腻子以后,利用刮刀右边为支点,将刮刀翻转	
	（6）将刮刀基本上与混合板持平,并将其向下压。一定要将刮刀在混合板上刮削,不要让腻子留在刮刀上	
	（7）拿住刮刀,稍稍提起其端头,并且在第（6）步中在混合板上将混合的腻子全部舀起	
	（8）将腻子翻转,翻的方向与第（5）步中的相反	
	（9）与第（6）步相似,将刮刀基本上与混合板持平,并将它向下压,从第（4）步起重复	
	在进行第（4）至第（9）各步骤时,腻子往往向上朝混合板的顶部移动 在腻子延展至混合板的边缘时,舀起全部腻子,并且将它向混合板的底部翻转并重复第（4）至（9）步,直至腻子充分混合 提示: 在开始混合以前,不要加固化剂,练习如何移动刮刀	

提示：

一次不要取出太多的腻子调和，因为调和后的腻子会很快固化，如果还没抹到规定部位即固化，则调和的腻子便不能再用，造成浪费。

腻子有可用时间的限制。所谓可用时间是指主剂和固化剂混合后，保持不硬化，能进行刮涂的时间。通常在20℃条件下，可以保持5min左右。因此应根据拌和所需时间和刮涂所需时间，决定一次拌和的量。如果总是拌和不好，需反复长时间拌和，超过可用时间(或留给涂抹的时间过短)，就会使其固化而不能使用，因此拌和的关键是速度要快、动作要熟练。

是否拌和良好，主要可通过混合物的颜色是否均匀来定。如果拌和不良，就会引起固化不良和附着不良等问题。有的腻子随季节不同，固化剂的配合比要变化，应根据产品说明书要求去做。

表2-2-4叙述了复杂表面刮涂腻子方法。

表2-2-4　复杂表面刮涂腻子

名　称	操　作	图　示
在圆形"R"部分刮涂腻子	使劲压住刮刀在整个部位刮涂腻子，在圆形部位的顶部刮涂适当的腻子	
	从一端起将腻子展平	
	在圆形部位底面刮涂适当的腻子	
	为减少先前刮涂腻子的步骤，从原先腻子的边缘展平腻子	

续　表

笔记

名　称	操　作	图　示
在分形部位刮涂腻子	刮涂适量的腻子	
	逐渐向下拉动刮刀,否则会产生大的刮痕	
	同样,从反方向刮涂腻子	
刮涂平面部位的腻子	展平多余的腻子	
	刮涂适量的腻子	
	注意不要让刮刀接触到先前刮涂的腻子(下边),拉动刮刀使表面平滑	
	当刮涂倒置"R"部位时,使用角度适合的橡胶刮刀的圆形部位	

表2-2-5叙述了用红外线灯干燥腻子。

表2-2-5 红外线灯干燥腻子

名 称	说 明	图 示
红外线灯	新施涂的腻子会由于其自身的反应热而变热,从而加速固化反应。一般说来,在施涂以后20~30min即可打磨。如果气温低,或者湿度高。腻子的内部反应速度降低,从而要较长时间来使腻子固化 为了加快固化,可以加另外的热,如红外线灯或干燥机的加热	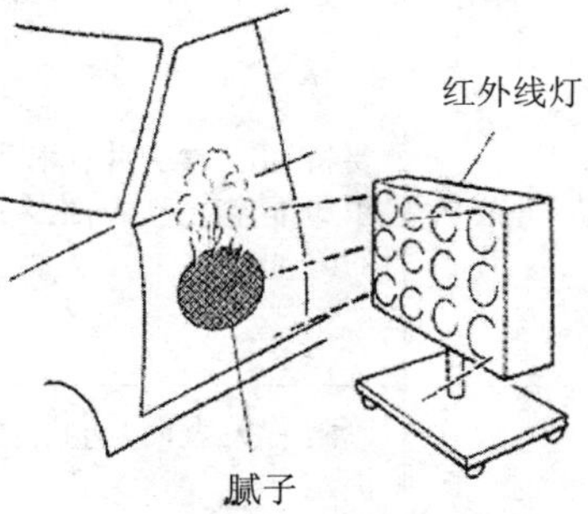 红外线灯 腻子

2.腻子打磨

在腻子固化反应结束以后,不需要的高点可以用打磨机或手工打磨垫块清除。虽然双作用打磨机也可以用,但是我们认为轨道式打磨机最常用于腻子打磨。

表2-2-6叙述了复杂表面腻子打磨方法。

表2-2-6 复杂表面腻子打磨

名 称	操 作	图 示
圆形部位	可以沿着圆形部分的轮廓移动打磨机	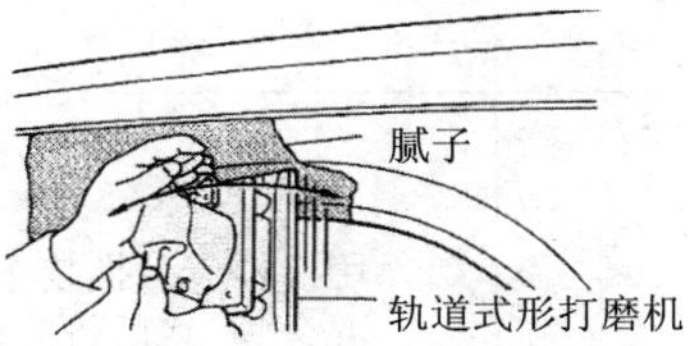 腻子 轨道式形打磨机
倒"R"部位	可以用与要打磨的圆形部分轮廓相匹配的垫块有效地打磨表面	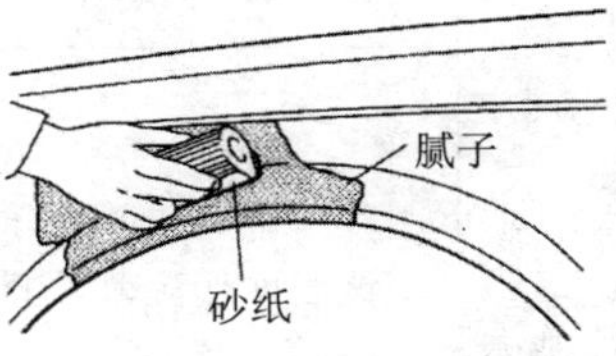 腻子 砂纸
	要打磨这部分,打磨机必须逐渐地沿着右图所示的曲面移动。如果打磨机整个磨块接触打磨,将会产生平面	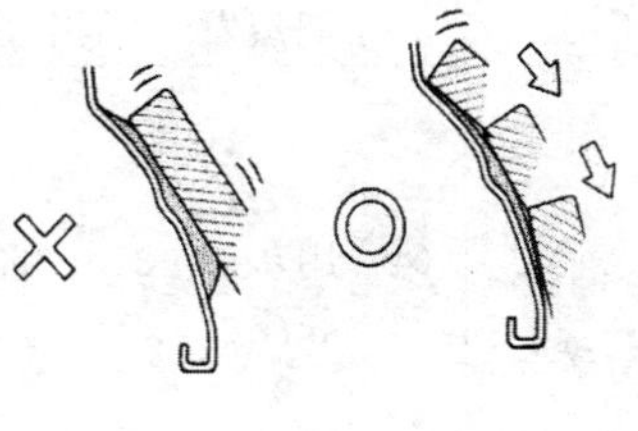

笔记

3. 中涂底漆施涂

表2-2-7叙述了中涂底漆施涂。

表2-2-7　中涂底漆施涂

名　称	操　作	图　示
清洁和除油	要特别注意从针孔和其他缝隙中清除打磨微粒,用压缩空气吹表面及其周围,用除油剂进行正常的除油工序	
遮　蔽	遮蔽有关表面,防止中涂底漆过喷 提示: (1) 遮蔽材料要贴得让同样多的中涂底漆暴露出来,而同时又不会超出打磨面积。 (2) 为防止在涂有中涂底漆的面积边缘产生台阶,要用"反向遮蔽"方法来粘贴遮蔽纸	
中涂底漆调配	按中涂底漆制造商的指示,使用适当的计量仪器,向中涂底漆添加固化剂、柔软剂并且用稀释剂稀释混合物	
中涂底漆施涂	(1) 用搅杆充分搅拌中涂底漆、固化剂和稀释剂混合物,然后将它通过滤网倒入喷枪	
	(2) 将第一层中涂底漆施涂至整个腻子表面,直至该表面变湿,再调整标准喷枪	
	(3) 要留足够的静置时间,以使中涂底漆中的溶剂蒸发(直至中涂底漆失去部分光泽)	
	(4) 用步骤(2)中的方法,再涂二至三层中涂底漆	

笔记

续表

名　称	操　作	图　示
中涂底漆干燥	(1) 为了确保溶剂完全蒸发。在使用强制干燥方法(例如红外线灯)时,要遵循中涂底漆制造商的指示,选择适当的固化时间。在 20℃ (68°F)时,干燥前的一般固化时间为 5～15min。 (2) 按中涂底漆制造商的指示干燥工件表面。在 60℃ (140°F)时,为 15～20min;在 20℃ (68°F)时,为 90～120min	
修补腻子施涂	用填眼灰填补表面细小的缺陷 提示: 将腻子牢牢地推压入针孔和打磨划痕 修补腻子要薄薄地施涂,因为厚了,干燥得很慢。如果需要修补的点很多,那么在整个二道底漆表面都施涂上腻子,以防遗漏	
中涂底漆打磨	中涂底漆可以干磨或湿磨。根据前面所介绍的各种方法的优缺点,选用最佳的方法 最后用 P500 干打磨或 P800 湿打磨底漆	

四、检验评估

表 2-2-8 叙述了项目二任务 2.2 的检验评估。

表 2-2-8　项目二任务 2.2 的检验评估

检验与评价内容	检　验　指　标	权重	自评	互评	总评
维修质量检验	(1) 正确除尘和除油 (2) 正确搅拌腻子和混合固化剂 (3) 合理施涂(厚、薄)腻子 (4) 合理选用砂纸和正确打磨腻子 (5) 遮蔽合理 (6) 会喷涂中涂底漆 (7) 会中涂底漆的打磨				
检查任务完成情况	(1) 能描述除尘和除油的作用 (2) 能描述腻子和固化剂的比例 (3) 能描述施涂的手法 (4) 能描述砂纸的使用 (5) 能描述中涂底漆的作用 (6) 在小组所扮演的角色,对完成任务过程中所起的作用				
职业素养	(1) 学习态度:积极主动参与学习 (2) 团队合作:与小组成员一起分工合作,不影响学习进度 (3) 现场管理:服从工位安排、执行实训室"5S"管理规定				
综合评议与建议					

五、项目拓展

想一想:

1. 中间涂层涂装完成后,下步该做什么工作?

2. 喷涂面漆应如何实施?

任务 2.3　塑料件喷涂面漆

任务描述	汽车保险杠经中间涂层涂装后进入喷涂面漆
任务目标	1. 掌握特殊位置涂装前的处理 2. 掌握特殊位置的喷涂技巧 3. 会素色漆调配 4. 能按喷涂面漆的工艺流程实施作业 5. 会面漆修饰

一、信息收集与处理

按表 2-3-1 完成任务 2.3 的信息收集与处理。

表 2-3-1　信息收集与处理

序号	项目名称	作　用
1		
2		
3		
4		
5		

1. 面漆的作用:＿＿＿＿＿＿＿＿＿＿＿＿＿＿＿＿＿＿＿＿＿＿＿＿＿＿＿＿＿

2. 什么是三原色:＿＿＿＿＿＿＿＿＿＿＿＿＿＿＿＿＿＿＿＿＿＿＿＿＿＿＿

3. 调配颜色的目的:＿＿＿＿＿＿＿＿＿＿＿＿＿＿＿＿＿＿＿＿＿＿＿＿＿＿

4. 面漆修饰的作用:＿＿＿＿＿＿＿＿＿＿＿＿＿＿＿＿＿＿＿＿＿＿＿＿＿＿

二、制订维修计划

表2-3-2叙述了制订塑料件喷涂面漆计划。

表2-3-2 制订塑料件喷涂面漆计划

1. 汽车保险杠经中间涂层涂装后进入喷涂面漆
2. 查阅相关资料,喷涂面漆(面漆、面漆喷涂、漆面修饰)等

工艺流程	操作示意图	技术要求或标准
1. 面漆调配		会调配面漆
2. 面漆喷涂		喷涂面漆厚度须均匀
3. 漆面修饰		掌握抛光技巧

三、实施维修作业

1. 面漆调配

表2-3-3叙述了素色漆的调配。

笔记

表2-3-3　素色漆调配

名称	调　配	图　示
红色	调红色用大红做主色,不够黄时加橙红或黄;不够紫时加紫红、深红或玫红;不够亮时加鲜红。红色加白与加黑都会变紫一些,同时也会变浅与变深,红色系只能偏向紫与黄两个色相,钼红用橙红做主色母,用橙黄与黑、白色母微调 (1) 确定颜色样板,分析颜色配方。颜色红中带黄光、较深,选用以大红为主色,鲜红为副色(鲜红带黄光、鲜艳、彩度高),用少量黑色母做微调。在调素色红的过程中色相偏紫与偏浅可加入少量白色母,不够黄还可以加入少量中黄或橙色母,不够深可加入少量黑色母微调 提示: 红色中带黄光、较深,选用以大红为主色,鲜红为副色(鲜红带黄光、鲜艳、彩度高),加入少量黑色母做微调	
	(2) 将大红色母倒入调漆杯,搅拌均匀与原色板比色。颜色比样板色要红,要鲜艳,彩度要高	
	(3) 调整深浅,加入少量黑色母调深,同时彩度降低 提示: 如果黑色母加多了会朝紫色的方向发展,并变得浑浊	
	(4) 调整色相。加入黑色母与少量鲜红色母。因为加了黑色母,会朝紫色方向发展,显得不够黄,所以加少量鲜红。为什么不够黄呢? 是因为黑色与大红中的黄光混合后产生绿(绿光的波长与蓝光接近,而红色中红光与蓝光混合产生紫色)。同时,因为加入黑色母,明度产生变化,整体颜色走深	
	(5) 比色。经过色相调整用搅拌后的调漆尺快速拉起与样板比色接近后,再用小纸片刮涂比色。因为是湿膜,所以样板颜色也要用水打湿,这样比较准确	

名称	调　　配	图　　示
蓝色	调蓝色用纯蓝做主色,深时用白冲淡,不够深时可适当加黑色母与主色母,彩度不够时用主色加深;不够红时加紫红、不够绿时可加艳黄。因为蓝色只能偏向紫与绿两个色相。一次只加一个变量,细心调配 (1) 选定调色样板。分析此蓝色为带紫红色光的蓝色,在选用色母时,主色选用发红蓝、纯蓝、群青等,副色色光为紫红或玫瑰红	
	(2) 加入主色母。选用纯蓝或发红蓝,加入调漆杯,用调漆尺比色观察发红蓝与色板的深浅程度,表现为深、浓、红	
	(3) 加入白色调深浅。因为主色比色板深浓,所以加入白色冲淡,在添加时可先少量添加,边加边看,避免过量,如果过量可加入主色母。调深浅时,按需加入白色 如果用调漆尺看不准,可用小纸片刮涂比色观察。如颜色表现比色板稍深,可考虑再添加白色母	
	(4) 调整色相。在第三步把基本深浅调出来后,根据色相表现,不够紫红时加入少量紫红色母或玫瑰红色母、不够绿时加入少量艳黄色母(带绿的黄色)	
	(5) 比色。在用调漆尺比色时觉得看不出大的差异时,可用光滑的小纸片刮涂比色,比较接近时就要果断结束调色。注意用小纸片刮涂比色时可稍微浅一些,素色漆干后会变得深一些	

2. 面漆喷涂

表 2 - 3 - 4 叙述了面漆的喷涂。

表 2 - 3 - 4　面漆喷涂

名　称	操　作	图　示
清洁喷涂室	先用吹尘枪吹除喷涂室内部（包括天花板）的灰尘和碎屑，然后才能将汽车开入喷涂室。此外，用水冲地板，防止灰尘飘浮在空气中，以防涂装表面落上尘粒	
用空气吹待涂表面	用空气除尘枪，将压缩空气吹至要重涂的表面及相邻区域，以确保这些区域完全没有灰尘、污物及水汽。一定要吹除发动机盖、行李箱盖或翼子板之间的间隙中的灰尘	
遮　蔽	遮蔽汽车准备喷漆	
清洁、除油	用除蜡、除油剂清洁喷漆区域	
色漆喷涂	喷涂色浆，直到完全遮盖，轻喷色浆，使颜色与原色混合，看不出修补痕迹	
清漆喷涂	喷涂清漆	
接口处理	在修补边缘喷涂接口水，溶化修补边缘和漆雾	
抛光处理	用抛光机轻轻抛光或者手工抛光	

3. 新保险杠喷涂工艺

表 2-3-5 叙述了新保险杠的喷涂工艺。

表 2-3-5 新保险杠喷涂工艺

序号	操 作	图 片
1	灰色丝瓜布 + 热肥皂水 / 塑料膜砂膏+热水彻底打磨至表面全无光泽、去除脱膜剂	
2	用清水冲洗干净后用清洁布擦拭,再用压缩空气吹干	
3	用抗静电除油剂除油进行除油,并按涂料厂家要求的时间进行干燥	
4	对保险杆中间栅格内外要进行完全、牢实的遮蔽	
5	用吹尘枪 + 黏尘布进行除尘、清洁	
6	薄喷 PP 塑料底漆两道,每道之间要有充分的闪干时间,并按产品要求的时间进行干燥	

笔记

序号	操　　作	图　片
7	按产品要求添加柔软剂,喷涂中涂底漆两道,每道之间要有充分的闪干时间,并按产品要求的时间进行干燥	
8	对中涂底漆进行打磨处理、遮蔽,并喷涂面漆,注意要在清漆中添加柔软剂	

四、检验评估

表 2 - 3 - 6 叙述了项目二任务 2.3 的检验评估。

表 2 - 3 - 6　项目二任务 2.3 的检验评估

检验与评价内容	检　验　指　标	权重	自评	互评	总评
维修质量检验	(1) 会色号的查找 (2) 会调配颜色 (3) 会喷涂前的遮盖 (4) 喷涂面漆均匀、无露底、无流挂现象 (5) 会漆面的修饰 (6) 会抛光机的使用				
检查任务完成情况	(1) 能描述查找色号的方法 (2) 能描述调配颜色的过程 (3) 能描述喷涂遮盖的要求 (4) 能描述面漆喷涂的方法 (5) 能描述漆面的修饰				
职业素养	(1) 学习态度:积极主动参与学习 (2) 团队合作:与小组成员一起分工合作,不影响学习进度 (3) 现场管理:服从工位安排、执行实训室"5S"管理规定				
综合评议与建议					

五、项目拓展

项目拓展

想一想:

1. 塑料件涂装我有没有学会了?

2. 水性漆涂装该怎样操作?

项目三　汽车发动机舱盖(水性漆)喷涂

Description 项目描述	一辆轿车因事故发动机舱盖损伤更换新的发动机舱盖后需涂装修复作业 你是一名初学者,如何对待修车辆实施涂装作业
Objects 项目目标	知识目标：1. 收集汽车用水性漆涂装操作规范相关信息,制订汽车发动机舱盖涂装操作计划 技能目标：2. 能描述发动机舱盖(水性漆)的工艺流程,能正确操作水性漆作业 职业素养：3. 能根据汽车涂装设备维护作业要求,实施日常维护作业
Tasks 项目任务	1. 正确完成发动机舱盖金属件表面喷涂前预处理 2. 掌握中间涂层涂装等操作工艺 3. 完成新发动机舱盖的面漆喷涂
Implementation 项目实施	

一、维修接待（填写接车检查表）

汽车车身接车检查如表 3-1 所示,维修单如表 3-2 所示,按要求填写。

笔记

表 3-1　汽车车身接车检查表

接车检查表/Service Advice at the Car							
日期/Date				型号/Model			
客户/Customer				车架号/Chassis No.			
电话/Telephone No.				牌照号/License No.			
首次登记日/First Reg. Date				里程/Mileage/km			
保养手册/Service Booklet	□有/Yes □无/No			燃油/Fuel	空/E	1/2	满/F

内部检查/Inside check	合格 ok	不合格 not ok	需要检修 work requlred
仪表灯光/Display & lnstrument lighting			
内部灯光/Interior lights			
信号系统(灯光,指示器,警告灯,喇叭) Signais (lights, indicators, hazzard, horn)			
转向/Steering			
手刹/Hand brake			
空调-鼓风机/Aircon. -Blower			
车辆及发动机检查/Vehicle & Engine check			
雨刷片/Wiper blades			
风档及车窗玻璃/Windows-glass			
空调滤芯/Microfilter			
冷却系统(防冻液)/Cooling system (Coolant)			
发动机油,转向助力油,制动液 Engine oil, Power steering & Brake fluid			
V 型皮带/V-belt/Poly V-belt			
可觉察的漏油漏水/Noticeable leaks			
动物损坏/Damage by animals			
年检/Annual Check/Emission test	有效期/due on:		
车辆检查(半举升)/Vehicle check (half-raised)			
减震器/Shock absorbers			
胎面/Tyre tread			
车辆检查(全举升)/Vehicle check (fully raised)			
发动机/变速箱泄漏 Engine & Gearbox: leaks			
前桥/Front axle			
前刹车盘片/Front brake pads/discs			
后桥漏油/Rear axle: leaks			
后刹车盘片/Rear brake pads/discs			
刹车油管/Brake lines/hoses			
排气系统/Exhaust system			
油箱/油管/Fuel tank & lines			

车辆状况
Vehicle condition

轮胎花纹深度 ____mm
tread depth

轮胎花纹深度 ____mm
tread depth

轮胎花纹深度 ____mm
tread depth

轮胎花纹深度 ____mm
tread depth

用相应符号标注车辆状况
Mark sketch as appropriate with relevant symbol

✕ 飞石击痕/stone damage　　○ 凹痕/dents
△ 刮痕/dents scratches　　▨ 撞击损坏伤/colllsion damage

□ 涂底盘防护剂/Restore underbody protection
□ 干净/Clean　　□ 脏/dirty　　□ 非常脏/very dirty

备用轮胎 Spare wheel	千斤顶 Jack	工具 Tools	CD	点烟器 Lighter	电话卡 SIM card

如果需要额外工作/If extra work required
[ ] 不做/Ieave it
[ ] 做/do it
金额不超过/up to amount of
_____

备注/Comments: _____
_____
_____
_____

客户签字:　　　　　　　维修顾问签字:　　　　　　　　日期:
Customer Signature: _____　SA Signature: _____　　Date: _____

如果是估价,最后价格可能与所做估价有 15% 浮动。
For estimate, the final price may have a variance of 15% from the above estimated price.

公司存根

认真检查待修车辆,并填写好维修工单,如表3-2所示。

表3-2 维修工单

授权经销商	×××××服务有限公司		
地址: 邮编:	电话: 传真:		
客户姓名		WIP 编号	
省 市		客户编号	
住 址		工 单 号	
邮 编		日 期	
移动电话		传 真	
车 型		底 盘 号	
车 牌 号		发动机号	
里 程 数		首登日期	
上次保养	上次维修	维修顾问	
预约进厂	预约出厂		
项 目	描 述		备 注
1	右车门损伤修复 (车主自付款)		
2	右车门钣金件修复 (工时费)		零件费另计
3	右车门涂装 (工时费)		
工时费	￥	零件费 ￥	合计￥
车内有无贵重物品		有□	无□
旧件是否放回车尾箱		是□	否□
洗 车		是□	否□
付款方式	现金□	支票□	信用卡□

客户签名_____ 维修顾问签名_____ 日期_____

如果是估价,最后价格可能与所做估价有15%浮动!

二、信息收集与处理

按表3-3完成项目三的信息收集与处理。

表3-3 信息收集与处理

序号	项目名称	作　　用
1		
2		
3		
4		
5		
6		

1. 什么叫水性漆:_____
2. 水性漆特点:_____
3. 水性漆的种类:_____
4. 水性漆施工要求:_____

1. 水性漆介绍

水溶性漆是以水溶性树脂为成膜物,以聚乙烯醇及其各种改性物为代表,除此之外还有水溶醇酸树脂、水溶环氧树脂及无机高分子水性树脂等。

顾名思义,水性漆是以水作为介质的漆。如我们所有的内外墙涂料、金属漆、汽车漆等都有相应的水性漆产品。可见水性漆在很多行业已有广泛的应用。我们普遍关注的则是水性木器漆,是木器涂料中技术难度和科技含量最高的产品。水性木器漆以其无毒环保、无气味、可挥发物极少、不燃不爆及高安全性、不黄变、涂刷面积大等优点,随着人们环保意识的增强,越来越受到市场的欢迎。

凡是用水作溶剂或者作分散介质的涂料,都可称为水性漆。水性漆包括水溶型、水稀释型、水分散型(乳胶漆)3种。

2. 水性漆种类

表3-4叙述了水性漆的种类。

表3-4 水性漆种类

种 类	说 明
水溶型	水溶型是以水溶性树脂为成膜物,以聚乙烯醇及其各种改性物为代表,除此之外还有水溶醇酸树脂、水溶环氧树脂及无机高分子水性树脂等
水稀释型	水稀释型是指后乳化乳液为成膜物配制的漆,使溶剂型树脂溶在有机溶剂中,然后在乳化剂的帮助下靠强烈的机械搅拌使树脂分散在水中形成乳液,称为后乳化乳液,制成的漆在施工中可用水来稀释
水分散型	水分散型主要是指以合成树脂乳液为成膜物配制的漆。乳液是指在乳化剂存在下,在机械搅拌的过程中,不饱和乙烯基单体在一定温度条件下聚合而成的小粒子团分散在水中组成的分散乳液。将水溶性树脂中加入少许乳液配制的漆则不能称为乳胶漆。严格来讲水稀释漆也不能称为乳胶漆,但习惯上也将其归类为乳胶漆

3. 水性漆的优缺点

表3-5叙述了水性漆的优缺点。

表3-5 水性漆的优缺点

项 目	说 明
水性漆的优点	(1) 环保 (2) 传统的油性漆含有高于85%的有机溶剂,而水性漆仅含10%的有机溶剂 (3) 较低的VOC排放 (4) 较好的漆层特性 (5) 良好的通透性和光泽度
水性漆的缺点	(1) 较长的挥发时间 (2) 水性漆挥发时间是油性漆的8倍 (3) 需要更多加快干燥的工具(例如吹风枪) (4) 较高的储藏条件 (5) 水性漆的色母必须储存于5～35℃的温度条件下,否则容易造成漆料失效 (6) 较高的技能要求

提示:

因为在水性漆表面容易出现较多的缺陷和问题,所以漆工需要参加指定的培训来提高他们的操作技能。

4. 水性涂料的环保性

表 3-6 叙述了水性涂料的环保性。

表 3-6　水性涂料的环保性

作　用	图　片
由于水性涂料的颜料分散性较溶剂型涂料差，影响其耐候性。现今水性面漆都采用传统的金属闪光面漆的涂布工艺，即底色层加罩光层的工艺。水性底色涂层可与溶剂型罩光清漆（双组分或单组分）、水性清漆和粉末清漆配套。水性金属闪光底色漆的闪光材料的定向性较一般溶剂型好，因而金属闪光效果高 水性底色漆与溶剂型底色漆的组成成分比例。在传统的有机溶剂型涂料中，金属闪光底色层释放的 VOC 量占汽车车身涂装各道工序排出 VOC 总量的 50% 左右。仅将传统的溶剂型金属闪光底色漆更新为水性金属闪光底色漆，该道工序的 VOC 排放量就可减少 80% 以上	水性底色漆　水63%　树脂23%　颜料2%　溶剂12%　常规的底色漆　溶剂76%　颜料2%　树脂22%

汽车车身涂装各道工序所排出的溶剂（VOC）量

项　　目	涂装面漆/m²	膜厚/μm	VOC 放出量		VOC 放出量/（%）
			/（kg/辆）	/（%）	
电泳底漆层	80	20	0.2	2	6
溶剂型中涂层	20	35	0.9	9	17
金属闪光底色漆	25	15	5.9	59	44
溶剂型罩光漆层	25	35	2.1	21	9
其　　他	15		0.9	9	4
溶剂型保护蜡					14
清洗溶剂					6

5. 水性油性产品对比

表3-7叙述了水性油性产品的对比。

表3-7　水性油性产品对比

特　点	说　明
水性产品	无重涂敏感性,不与底基反应,特别是原厂漆无味、无溶剂蒸气大大改善工作环境
施工方法简便	从油性产品到水性产品转换容易与车间标准修补设备兼容
驳口简易,效果良好	减少工件工作时间,提高效率
使用简单	容易培训新漆工
底色漆外观光滑平整	卓越的外观、光泽和"影像清晰度"
色母免搅拌	卓越的颜色准确性,无需调色架,减少占用空间和噪声
色母遮盖力高	遮盖力良好,修补迅速节省时间
紧凑色母体系	整套色母体系仅56.5L油漆,紧凑好用
优点	使用水即可清洗,减少VOC排放,减少气味,完美配套原厂漆膜
缺点	耐极端低温性差(冻结点),废弃物在发达国家需要分开处理,水性油性产品不得混用部分设备,极端高湿度环境
为什么要用水性产品	环保、完美再现原厂漆膜效果、干燥速度可控、极佳的混合性能
添加剂	无需添加剂

6. 水性漆施工要求

表3-8叙述了水性漆的施工要求。

表3-8　水性漆施工要求

具有良好空气流动的喷房。专用吹风机,合适的温度,尽量减小湿度。空气流速应控制在0.02~0.06m/s
理想施工温度在25℃左右,在温度较高或湿度较高的情况下,可使用慢干水性稀释剂。湿度应在65%以
下,高湿度会明显延缓干燥速度

7. 水性漆存放要求

表3-9叙述了水性漆的存放要求。

表3-9　水性漆存放要求

(1) 水性色母、稀释剂和调配好的颜色要存放在保温柜中并将温度控制在25℃,色母不必每天搅拌
(2) 色母为悬浮形式,可即拿即用,将色母上下前后左右摇晃几下后即可用于调色
(3) 色母、稀释剂和调配好的油漆应存放在干燥、凉爽并远离热源的地方
(4) 存储和运输温度必须在5~49℃之间,避免暴露在冰冻或霜冻环境中
(5) 调配应在洁净、干燥的塑料容器中进行,一定不要在有油性溶剂残留物的容器中调配,如果使用金属容器,那么必须是不锈钢的或内部涂有防腐涂料
(6) 水性漆和油性漆废弃物分开存放。水性漆废弃物、残留物应与其他废物分开并存放在密闭匝箍容器内
(7) 水性漆废弃物、残留物丢弃时必须遵守所在国家、省和地方的法律和规章
记住,按照要求处理废弃物是每一个人的责任

三、制订维修计划

表3-10叙述了制订发动机舱盖水性漆涂装计划。

表3-10　制订发动机舱盖水性漆涂装计划

1. 一辆轿车因事故发动机舱盖损伤,更换新的发动机舱盖后需涂装修复作业
2. 查阅相关资料,新部件涂装水性漆处理有清洗、除油、中涂底漆施涂、喷涂面漆等

工艺流程	操作示意图	技术要求或标准
清洗		按工作要求彻底清洗干净
除油		按工作要求彻底除油
中涂底漆施涂		喷涂厚度均匀
中涂底漆打磨		打磨平滑

续 表

工艺流程	操作示意图	技术要求或标准
施涂面漆		运枪均匀
施涂清漆		运枪均匀,没流挂等现象

四、实施维修作业

1. 水性漆涂装预处理

表3-11叙述水性漆涂装预处理。

表3-11 水性漆涂装预处理

名 称	说 明	图 片
清洁和评估 清洁油脂和灰尘	首先用吹风枪吹净待修复表面的灰尘,然后用除硅清洁剂进行除油 检查损伤程度 鉴别颜色种类,确定修补步骤	
底材处理 遮 蔽	遮蔽并保护非修补区域	
打 磨	用装有粗砂纸(例如 P60~80)的锐角打磨机,打磨过厚或者有问题的漆层。或用装有适当的砂纸(例如 P60~80)的双作用打磨机打磨金属修补区域	

笔 记

名　称	说　明	图　片
清洁除油	首先用吹风枪吹净待修复表面的灰尘,然后用除硅清洁剂进行除油	
施涂底涂	在裸露金属表面喷底涂 1~2 层,然后烘烤或在空气中干燥（20℃持续 30min）。在喷涂过程中需要戴口罩或面具	
混合腻子	充分混合腻子和硬化剂(以 2%~3%的比例混合)	
施涂腻子	用刮刀在金属板凹陷的部位施涂腻子 腻子仅应施涂在裸露金属表面。然后烘烤或在空气中自然干燥大约 30min	
腻子层打磨	用适合的砂纸(如 P60~280)打磨干燥后的腻子。保持腻子层表面形状和光滑,没有网孔或可视打磨痕	
打磨旧漆层	使用适合的砂纸(如 P280)装在双作用打磨机上,磨掉将要喷涂中涂区域的旧漆层	

续　表

名　称	说　明	图　片
清洁和遮蔽	用吹风枪和清洁剂、清洁待修复表面的灰尘和油污,反向粘贴遮盖纸以保护周围漆面	
施涂中涂层	混合涂料、添加剂和稀释剂。施涂 2~3 层(中涂漆的厚度为 80~100μm)	
打磨指示层	打磨中涂层前,建议喷涂指示层来检查中涂层表面的光滑平整度	
打磨中涂层	选用适合的砂纸(如 P600~1000)打磨干燥的中涂层。如果表面有小的缺陷,请选用至少 P1000 的砂纸进行修复	
喷涂准备清洁	打磨后,请检查中涂层的质量。使用吹风枪和清洁剂、清除油污和灰尘。使用水性漆指定的清洁剂再次进行清洁。遮盖整个车身表面,准备下面的工序	

续　表

名　称	说　明	图　片
调　漆	查询所需的颜色配方，喷涂色板，比较和调整直到与原始漆颜色相符。用一个漏斗将调配好的漆料倒入喷枪储料罐中	
清　洁	使用吹风枪和指定的清洁布清洁灰尘。此时避免用手接触被修复区域	
喷涂和干燥；喷涂色漆	使用重力式喷枪（口径 HVLP1.2 或 RP1.2mm）。使用两种喷涂方法（干喷和湿喷）	
干　燥	喷涂色漆后，由于烤漆房内漆料无法吹及到的漆面，应对该区域首先使用吹风枪进行干燥。然后吹干其他区域 吹风枪吹出的气流方向应与烤漆房内气流方向相同。吹风枪不要与漆面垂直	
清漆层	混合清漆（例如中等浓度 MS8000 或高浓度 HS8030，硬化剂按照 2:1 的比例调配，稀释剂） 中等浓度的清漆应施涂两层。干燥时间是每层大概 5～10min。高浓度的清漆应施涂一层半（湿一层，雾一层）。干燥时间为 10～15min	

续　表

名　称	说　　明	图　片
干　燥	烘烤温度应为 60℃(金属表面温度)或 65～70℃(烤漆房内),持续 30min	
抛光与打蜡	如果需要,请选用适合的砂纸(如 P1200～2000)去除流挂或灰尘,然后抛光打磨痕,使得漆面通透光亮。 注意事项: (1) 使用胶带遮蔽门窗挡风雨条 (2) 如果在一个区域抛光时间过长,该区域的漆面将软化受损 (3) 抛光机应垂直于被修复漆面。如果人工施加压力,极易造成清漆层划伤	

2．清漆/水性底色漆施工流程

表 3－12 叙述了清漆/水性底色漆施工流程。

表 3－12　清漆/水性底色漆施工流程

名　　称	说　　明	图　片
修补区域	用吸尘式打磨机初步干磨中间涂层	
	使用较细的砂纸再次打磨中间涂层并使用打磨垫	
	使用非金属垫例如 Abralon P1000 或灰色擦垫和哑光/混合膏,并保持潮湿	

笔记

名　称	说　明	图　片
清洁遮蔽	在遮蔽前使用水性清洁剂清洁即将修补的区域,遮蔽修补区域	
	使用除蜡去脂清洁剂清洁即将修补区域	
最后清洁步骤	在喷涂底色漆前和喷涂中都要使用除尘布除尘	
喷枪调校	气压:0.14～0.2MPa(喷枪处) 风扇:3/4 全开 油漆流量:从全关闭状态旋转 2～3 圈	
驳口阶段	使用 T490 有色清漆添加剂。这样可以帮助驳口并使驳口区域后面的任何挂擦痕迹最小化,从修补区域边缘向外喷涂 50mm 距离	

续　表

名　称	说　明	图　片
喷涂阶段	使用与修补面漆颜色相近的中涂底漆	
	在中涂上喷涂第一层色漆并干燥	
	喷涂第二层色漆	
干燥阶段	底色漆层与层之间要充分干燥	
	喷涂最后一层时,喷枪气压减少至 0.1～0.15MPa 注意:最后一层色漆请勿吹干	

续 表

名　称	说　明	图　片
去除脏点	用除尘布擦修补驳口区域,这样可以减少色差和灰尘	
喷涂清漆阶段	在喷涂底色漆的区域喷涂清漆,并充分干燥,在整板上喷涂清漆 注意:在这种情况下需要薄喷一层清漆	

3. 新发动机舱盖面漆喷涂

表 3-13 叙述了新发动机舱盖面漆喷涂。

表 3-13　新发动机舱盖面漆喷涂

步骤	操　作	图　片
1	打磨车板,用 P320 干打磨或 P400 湿打磨	
2	用除油剂清除车板上的杂质	
3	用黏尘布擦拭	

笔 记

步骤	操　　作	图　　片
4	喷涂两层湿碰湿底漆	
5	底漆表干后,喷涂第一层色浆	
6	第一层色浆干后,喷涂第二层色浆	
7	色浆表干后,喷涂第一层清漆	
8	第一层清漆表干后,喷涂第二层清漆	

五、检验评估

表 3-14 叙述了项目三检验评估。

表 3-14　项目三检验评估

检验与评价内容	检 验 指 标	权重	自评	互评	总评
维修质量检验	(1) 会色号的查找 (2) 会调配颜色 (3) 会喷涂前的遮盖 (4) 喷涂水性漆的面漆均匀、无露底、无流挂现象 (5) 会漆面的修饰				
检查任务完成情况	(1) 能描述水性漆调配颜色的过程 (2) 能描述喷涂遮盖的要求 (3) 能描述水性漆面漆的喷涂方法				
职业素养	(1) 学习态度:积极主动参与学习 (2) 团队合作:与小组成员一起分工合作,不影响学习进度 (3) 现场管理:服从工位安排、执行实训室"5S"管理规定				
综合评议与建议					

| 项目四 | 新车制造过程中的涂装 |

任务描述	新车车身涂装是生产制造的重要环节,了解其工艺过程
任务目标	1. 了解新车制造过程中的涂装 2. 了解阴极电泳与阳极电泳区别 3. 建立对新车制造过程中涂装过程的认识

信息收集与处理

按表 4-1 完成项目四的信息收集与处理。

表 4-1 信息收集与处理

防护底漆

序号	项目名称	作　　用
1		
2		
3		
4		
5		

1. 磷化处理目的:_____

2. 车身内外密封剂作用:_____

3. 施涂车底保护涂料的目的:_____

4. 施涂中涂底漆的作用:_____

5. 施涂面漆的作用:_____

　　新车涂装是指汽车制造厂家在进行车辆生产制造过程中的重要环节,新车涂装的工艺水平的高低、新车涂装质量的好与坏直接关系到所制造车辆的销售情况。

　　此外,新车的涂装费用在整个新车制造成本中所占的比例达到10%~20%,因此新车涂装工艺直接关系到车辆的制造成本和最终售价。最典型的事例就是同一型号的车辆由于不同种类的涂料所造成的价格差异。

　　由于车型众多,不同车型采用的涂装工艺也有所不同。比如现代大批量生产的小轿车大多采用自动流水线生产,涂装过程自动化程度高、速度快、产量大,所采用的涂料、工艺过程都和汽车修补涂装有相当大的差别。

　　而大型车辆的生产尤其是国内大型车辆制造过程中的涂装,由于其生产制造速度相对较慢、产量相对较小,所选用的涂料、工艺方法更接近于汽车修补涂装。

　　典型的小型轿车的涂装过程(此时车身上未安装任何部件和总成),从此可以看到其中既有自动化机械操作,也有人工的操作,但是人工的操作已经居于次位,只是作为机械操作的补充和修正。

　　轿车的典型涂装过程,见图4-1。

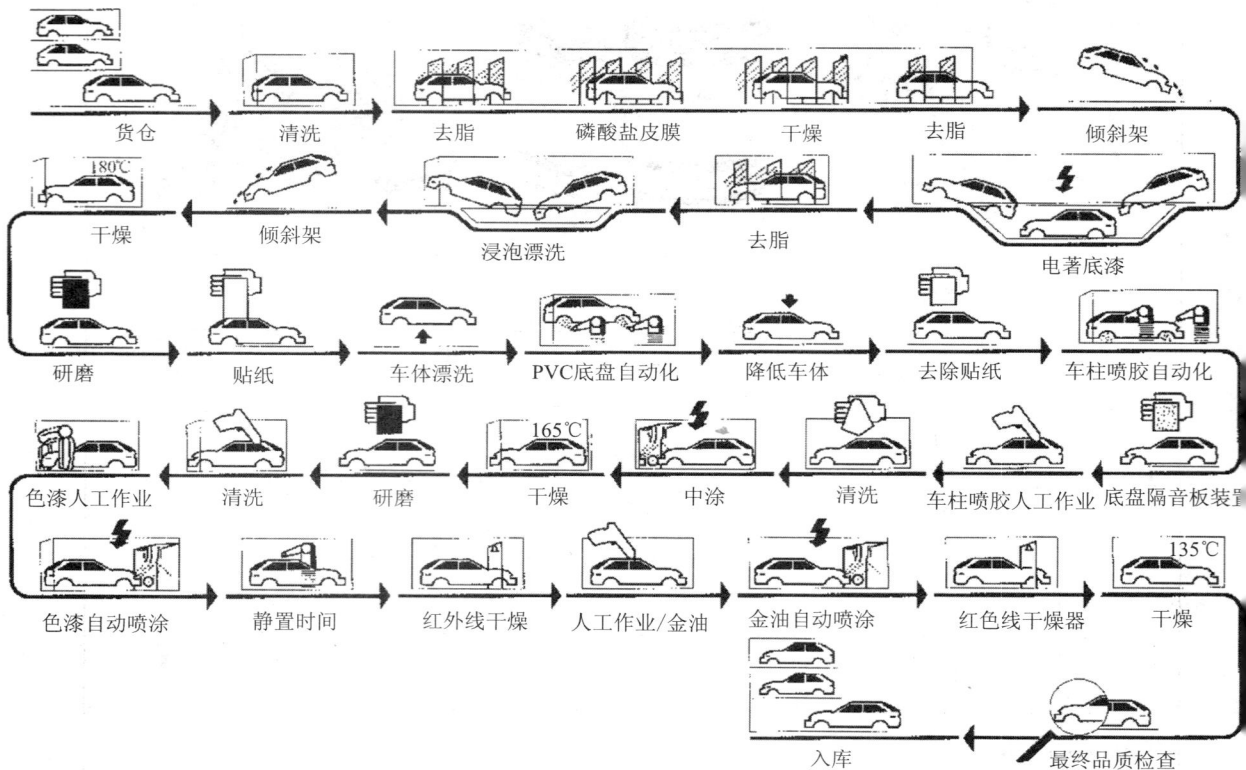

图4-1　涂装过程

1. 涂装前的清洗和磷化处理

涂装前的清洗工作是对已经焊接成型的车辆进行彻底的清洁,去除由于冲压成形、焊接过程中粘附在板件上的油污,以及在焊接成型后在储运过程中出于防锈目的而涂附的防锈油脂,为后面的磷化处理作准备,见表4-2。

表4-2 清洗和磷化处理

项 目	工 艺 说 明	图 片
磷化处理前的清洗	首先是浸泡:将成形后的车身置于40~50℃的水中浸泡	热水洗1
	其次是冲洗:用同样水温的水进行冲洗,去除附着在车身上的污物	热水洗2
	第三步是除油:将清洗干净的车身浸没在含有弱碱性的除油剂中,或用碱浴喷淋于车身,去除车身上的油污	除油脂
	最后是再次冲洗:用水将除油干净的车身冲洗干净,去除残留的碱性除油剂	水洗

笔 记

项　目	工 艺 说 明	图　片
磷化处理	浸没式磷化处理 首先将车身浸没入磷酸肽溶胶中,磷酸肽在车身钢板表面形成凝胶状表层。然后将车身浸入由磷酸锌、磷酸和加速剂组成的处理溶剂中,使车身钢板表面形成磷化层	表面调整 磷酸锌处理
	喷淋式磷化处理 将清洗过的车身用磷酸盐溶液喷淋,使车身钢板表面在喷淋过程中形成磷化层	
磷化处理后的清洗、干燥	首先将经过磷化处理过的车身用大量的水冲洗,清除磷化处理后残留的磷酸锌等残留物。然后用纯水冲洗车身,为电泳底漆去除残留的、阻碍电泳底漆附着的多余磷酸锌离子。最后将清洗干净的车身在温度为100℃以上的加温炉内加温,以干燥清洗残留的水渍	水洗 纯水洗 干燥

2. 电泳涂装底漆

见表4-3。

表4-3　电脉涂装底漆

项　目	工　艺　说　明	图　片
涂装电泳底漆	经过加温干燥的车身全部浸入装满电泳底漆的电泳池中,此时车身和电泳池中的涂料被加以相当高的直流电压(通常为200～300V,车身与电泳池中的涂料极性不同),涂料中的离子在电动势的作用下聚积于车身表面。电泳分为阴极电泳和阳极电泳两种,所使用的电泳涂料为水溶性涂料。使用电泳涂装不仅车身外表面能够得到良好的保护,其车身结构中一些腔体内壁都得到了很好的涂装保护	浸入
沥干电泳底漆	将电泳涂装完毕的车身吊入倾斜架,使车身上多余的电泳底漆由车身表面和结构腔体中流出。那么在电泳涂装后,电泳底漆会不会干燥而固化呢?答案是:不会!电泳底漆为高温烘烤型涂料,如不经过高温烘烤不会固化,所以不必担心电泳涂装完毕后,在进入倾斜架时电泳底漆会干燥固化	滴落
冲 洗	用大量的水冲洗经过倾斜架的车身,冲洗掉附着不牢的电泳底漆。由于电泳底漆是靠涂料粒子的沉积实现电泳底漆的涂装,因此不必担心用水洗会将已经沉积的涂料冲洗掉。同时电泳底漆为水溶性,不会存在有多余涂料、不能清洁干净的情况	
加温干燥	将水洗过的车身送入烘烤炉,加温至120℃以上,并保持25～40min,使沉积在金属表面的底漆干燥固化,此时涂层厚度为15～20μm	干燥

3. 车身内外密封剂和车底保护涂料的涂装

生产过程中车身的结构上有很多的焊点、接缝,如果不加以处理,在车辆使用过程中含有酸碱等有腐蚀作用的水或气体会侵入这些部位,使车身的防腐能力下降。此外在车辆行驶过程中汽车底盘部分安装有大量的运动部件,运行过程中振动较大,同时要经受砂石撞击造成底盘部分的涂层损坏,进而造成底盘防腐能力的丧失。为了防止这些情况的发生,在电泳底漆涂装完毕后,要进行车身焊点、接缝部位密封剂和车身底盘部位防撞减振涂料的涂装,见表4-4。

表4-4 密封剂和保护涂料的涂装

项 目	工 艺 说 明	图 片
涂装密封剂的主要部位	车身上需要进行密封剂涂装的部位主要有车门外蒙皮与车门框架的卷边、发动机舱和行李箱盖蒙皮与框架的卷边、框架与蒙皮的接触部位、底盘框架板材连接部位的焊点和焊缝	
涂装防撞减振涂料的部位	底盘需要涂装防撞减振涂料的部位主要是轮胎罩盖、乘员舱底面等部位(如图中暗区)。这些部位容易受到砂石的撞击	
车身密封剂的涂装方法	车身密封剂一般是在进行底盘防撞涂料前,使用无气泵压胶枪或手动胶枪进行涂装。根据涂装部位的特点,有些部位要由人工操作,有些部位可以使用机器人施工	
底盘防撞减振涂料的涂装方法	在进行完密封剂的涂装后,用遮盖材料将不需要涂装防撞减振材料的部位遮盖、遮挡底盘上的通孔和安装定位孔。然后根据部位的不同用人工或机械喷涂防撞涂料。防撞减振涂料中主要含有沥青或极细小的胶体,起到防撞减振的作用	

笔 记

4. 中涂漆涂装

中涂漆底涂装是在进行完车身内外密封剂和车底保护涂料涂装完毕后进行的重要的涂装过程,其作用是增强底漆与面漆之间的附着力、提高面漆的机械强度、保证面漆表面的平整度,见表 4-5。

表 4-5　中涂漆涂表

项　目	工 艺 说 明	图 片
使用静电喷涂方法涂装中涂漆	此时机器臂按设定程序进行涂装。车身内外全部由机械臂自动喷涂完成,为提高喷涂速度、减少涂料的浪费,大多数汽车制造厂使用自动静电喷涂	
涂装后静置	进行完中涂漆涂装后的车身需要静置一段时间,让车身表面涂料内的溶剂蒸发出一部分。由于汽车生产厂所使用的涂料为高温热固性涂料,干燥加温温度一般在 100℃ 以上,此时溶剂蒸发速度非常快。若在加温之前不让溶剂有缓慢的蒸发过程,就加以高温使涂层干燥,大量的溶剂蒸气会破坏已经涂装好的涂层表面	
加温干燥	经过静置的车身进入烘干炉加温至 120～140℃,保持 20～30min 使涂层充分干燥。此时涂层厚度大约为 40μm	干燥
中涂漆涂装完毕后的打磨	中涂漆经过加温干燥后需要进行打磨,去除涂层表面的中涂漆涂装后的打磨杂质和粗糙物。在中涂漆表面形成平整表面,保证面漆与中涂漆的附着能力,为面漆提供平整的基础。汽车生产厂多使用自动打磨机进行湿打磨(有些汽车生产厂也使用人工干式打磨)。此时自动打磨机高速旋转利用打磨机刷头打磨干燥的中涂漆表面,以获得平整的表面 打磨完毕后用水冲洗掉车身表面的打磨颗粒,然后用空气吹净车身表面多余的水分,最后进入烘干炉进一步加温,使车身内外的水分完全干燥。此时整个中涂漆涂装过程完毕,可以进入面漆涂装工序	

5. 面漆涂装

面漆涂装决定车身表面涂层的最终效果,面漆涂装的好与坏对产品质量的好与坏有着重要的作用,见表4-6。

表4-6 面漆涂装

项 目	工 艺 说 明	图 片
涂装前的遮盖	现在新车制造过程中多采用人工方式在面漆喷涂前对不需喷涂面漆或一些有特殊要求的部位进行遮蔽,避免在喷涂面漆过程中被污染。 新车制造过程中(尤其是面漆涂装)涂料的加温干燥温度相当的高,一般情况下要求加温温度要在100℃以上,这就要求遮盖所用的遮蔽材料有很好的耐高温性能	
涂装前的清洁	面漆涂装是整个涂装过程的最终体现,可以说面漆涂装质量的好与坏直接关系到涂装全部过程的成败,因此在面漆涂装前的清洁在某种意义上讲要比前面工序所进行的清洗或清洁更加的彻底和全面 由于新车制造大部分采用流水线作业,汽车表面被油脂污染的机会不多,反而是生产线上无处不在的细小尘粒成了最容易威胁面漆涂装质量的因素。因此面漆涂装前的清洁重点放在除尘上。现在汽车制造厂仍然沿用比较常用、也是比较可靠的人工除尘操作——即依靠人手使用黏性树脂黏尘布,对车身上需要喷涂面漆的表面进行清洁	
面漆的初次涂装	汽车车身上有很多部位是机械喷涂不能达到的部位,这些部位主要是车身上的一些缝隙,比如:车门与车身连接接缝处、车门与车身框架的重叠处等。这些部位虽然平时处于遮盖状态,但是从车辆整体美观角度出发,要求这些部位具有与车身其他部位具有同样的颜色和涂装质量。由于机械喷涂只适合喷涂较大的表面和能够使用机械臂进行喷涂的部位,因此大多数汽车制造厂家在进行机械(或自动)喷涂面漆之前使用人工首先喷涂那些机械臂不能喷涂的部位。此时的人工面漆涂装可以称之为面漆的初次涂装或面漆预涂装	

续表

项 目	工 艺 说 明	图 片
面漆涂装	在进行完面漆初次涂装（面漆预涂装）之后大多数汽车制造厂使用自动喷涂设备进行高速、大面积的整体喷涂,此时自动喷涂设备多为程序控制的机械臂。为减少涂料的浪费和污染,喷涂方法多采用静电喷涂,所使用喷涂设备的雾化部分有压力雾化型、空气雾化型和旋杯雾化型 面漆喷涂根据车辆所喷涂面漆种类的不同,适当调整喷涂工艺顺序。若喷涂素色面漆（单工序面漆）,则在喷涂完面漆之后就可以进行下一道工序的操作。若喷涂金属效果或珠光效果的面漆（双工序或三工序面漆）,则在喷涂完底色漆之后再喷涂清漆,方可进行下一道工序的操作	
面漆的干燥	在喷涂完面漆的车身在室温条件下静置7～10min,以便于面漆中的溶剂有足够的挥发时间。防止由于突然加温使溶剂大量快速挥发,造成涂膜破裂。当涂膜中所含溶剂已经充分挥发后,就可以使涂装好的车身进入到高温烘烤炉中并逐渐提高温度到120～150℃;保持20～30min。当车身涂膜已经基本干燥后,就可以进入最终质量检验工序了	
外观质量检验	面漆是整个涂层的最外面的一层,当面漆喷涂完毕并经过面漆外观质量的检验后,此时就需要对整个涂装质量有一个总体的检验,并对整个涂装过程进行总体评价。因为新车涂装生产过程中的质量控制非常严格,此时主要目视检查面漆表面有无划痕、灰尘颗粒、针孔、气泡。而对整个涂层的附着力、硬度等指标的检测只进行抽样检测	

此时整个新车制造过程中的车身涂装要工序已经全部完成。经过检验合格的车辆进入总装。

项目五　汽车漆施工常见的问题及对策

在汽车喷涂过程中由于各种各样的原因会导致各种缺陷,了解这些缺陷的成因、预防及补救措施,可以更好地适应和掌握这项工作。

1. 银粉不均匀

1) 相关现象

银粉发花、阴影、条状浮色、泛色、有花纹,如图 5-1 所示。

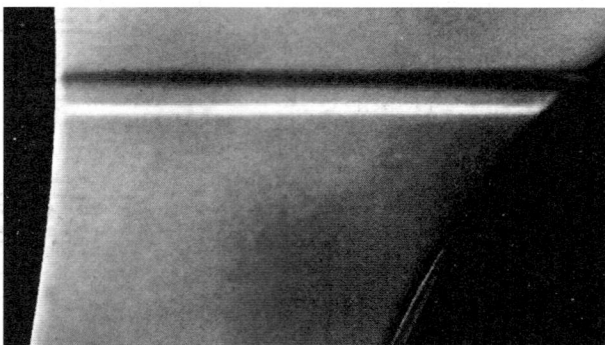

图 5-1　银粉不均匀

2) 说明

只发生在金属漆(银粉及珍珠漆)上,银粉片漂浮在一起形成斑点或呈条带样的斑纹等外观。

3) 原因

(1) 用错稀释剂。

(2) 各成分没有混合均匀。

(3) 喷涂过湿。

(4) 喷枪距工作板面太近。

(5) 喷涂时行枪不均匀。

(6) 喷漆室内温度过低。

(7) 清漆喷在没有充分闪干的色漆层上面。

(8) 涂层受湿空气或潮湿天气影响。

(9) 涂层太厚。

4) 预防

(1) 选择适合于所在喷漆房条件的稀释剂或稀料并正确混合(在寒冷、潮湿的天气选择快干稀料)。

(2) 彻底搅拌所有色漆,特别是银粉漆和珍珠漆。

（3）使用正确的喷枪调整技术，喷涂技术及空气压力。

（4）保持喷枪清洁（特别是控流针阀和空气罩）并处于良好工作状态。

（5）不要把色漆层喷得太湿。

5）解决方法

让色漆层干燥，根据不同的色漆连续修饰两道，如果缺陷是在喷清漆后才看得见，则待清漆彻底干燥后，依作业程序，重喷色漆和清漆。

2. 起泡、起痱子

1）相关现象

泡状物、溶剂泡、凸起，如图 5 - 2 所示。

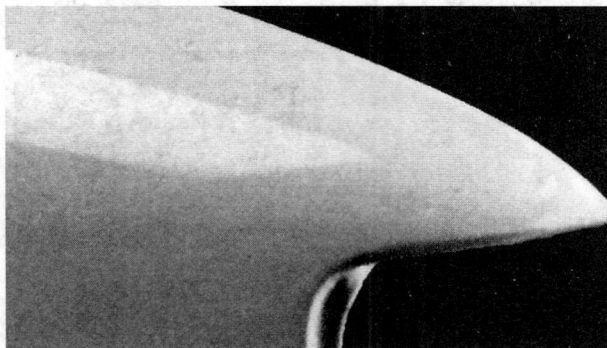

图 5 - 2　起泡、起痱子

2）说明

小脓包一样的起泡出现于面漆层内部及表面，数量较多，这种缺陷常因强制干燥或不平衡加热而加剧。

3）原因

（1）表面清洁或准备不当，被涂面的小脏点像海绵一样含湿气。当漆层在阳光下曝晒（或大气压力的突然变化），湿气膨胀产生压力，如压力够大就容易产生气泡。

（2）稀料使用错误，使用快干稀料特别是漆喷得太干或压力太大，空气或湿气可能被封在漆层中。或使用了伪劣稀料。

（3）漆层过厚。每道漆之间的闪干时间不够长，或底漆喷涂太厚，都会将溶剂或稀料包容进去，后来挥发出来便使面漆起泡。

（4）压缩空气管线脏，油、水、和脏物存在于管线中。

（5）当湿磨聚酯腻子（原子灰、补土）后没有足够时间让水分挥发就喷施面漆。

（6）各种漆料没有正确配套。

（7）喷涂后过早烘烤。

（8）红外烤灯距喷涂面太近，或烘烤温度太高。

4）预防

（1）打磨前彻底清洁表面，喷底漆或面漆前要确认表面已完全干燥。不要用手触摸洗净的被涂面，因为手上的油会弄脏被涂面。

（2）选择最适合于您喷漆房条件的稀释剂或稀料。

（3）底漆和面漆要留有正确的干燥时间,确认每一道漆闪干完全再喷下一道。

（4）每天排水和清洁空压机,去除已收集的水分和脏物。空压机储气罐也要每日排水。

（5）用3919S除蜡剂,3920S慢干脱脂剂或3812S快干脱脂剂认真清洁被涂面。

5）解决办法

依据气泡的深浅来判断,如果损坏面积大也较严重,漆必须去除到底漆或金属面,然后修补。在不大严重的情况下,气泡可以被打磨掉,重新处理表面并重喷面漆。

3．透色

1）说明

原车漆使新喷面漆褪色或渗透出新喷面漆的颜色,面漆变色或透色,如图5-3所示。

图5-3 透 色

2）原因

（1）原漆的颜料与喷在上面的漆的稀料发生反应与溶解。

（2）污染,重喷漆前通常有可溶染料或颜料在旧漆上(特别常见于单组分红色旧漆上面喷涂浅色新漆)。

（3）旧漆没有很好地封住。

（4）聚酯腻子、补土用了太多的硬化剂。

3）预防

（1）如果预计有可能发生透色,则先在旧漆上喷一小块新漆进行实验,如果确实发生透色则喷涂封底漆K51。

（2）调制聚酯腻子、补土时,请使用推荐数量的硬化剂。

4）解决办法

打磨,用封底漆隔离原漆,然后重喷面漆。

4．裂纹

1）相关现象

开裂、分裂、角裂,如图5-4所示。

2）说明

一系列深度开裂,像一个干池塘中泥土开裂一样。经常以三叉的形式存在而且样式不

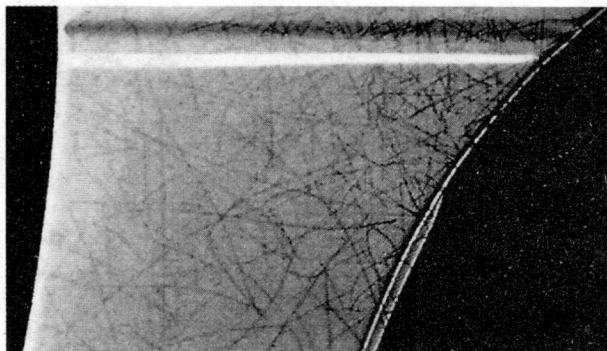

图 5-4　裂　纹

定，通常产生于面漆，有时也出现于底漆。

3）原因

（1）漆膜太厚（过厚的面漆扩大了正常的张力和应力，在一般条件下就可能造成开裂）。

（2）各种漆料没有混合均匀。

（3）闪干时间不够。

（4）添加剂使用不当。

（5）被涂物表面太热或太冷。

（6）漆层互相不匹配。

（7）调制 2K 产品时忘加硬化剂，硬化剂不足或过量。

4）预防

（1）不要把面漆喷得太厚，每道之间留有足够的闪干时间，不要用喷枪吹干漆层。

（2）彻底搅拌所有底漆和面漆。

（3）阅读并认真按照产品标签的说明来操作（使用非专用的添加剂会减弱漆膜质量并更易产生裂纹）。

5）解决办法

受影响的区域必须磨掉直至光滑的原漆，大多数情况下直打磨至裸露出金属，然后修补。

5. 腻子印、羽状边（坡口）开裂

1）说明

外观为沿羽状边或补土的伸展纹（或开裂），产生于面漆干燥后的漆面，如图 5-5 所示。

2）原因

（1）在底漆上喷涂过厚或过湿的漆层（溶剂被包容在底漆内，而底漆还没有足够时间干燥牢固）。

（2）材料混合不均匀（因为平整底漆颜料成分较高，被稀释后可能会沉降。放置一段时间后如不再搅拌，整个漆使用起来就会使颜料松散并含有孔隙和裂缝，使涂层像泡沫材料）。

（3）使用错误的稀释剂。

（4）不当的表面清洁和准备（清洁不当，则润湿性能差，黏结不牢，使平整底漆层在边缘

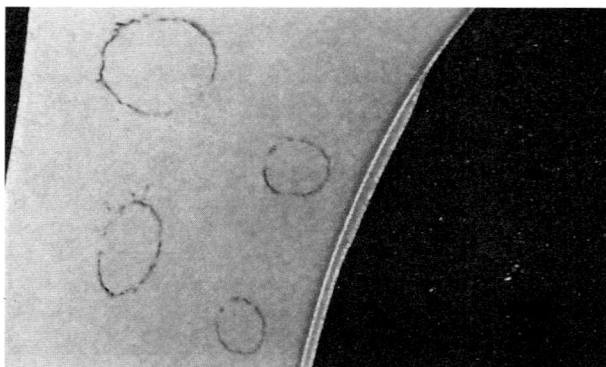

图 5 - 5　腻子印、羽状边(坡坡口)开裂

收缩或移位)。

（5）干燥不当（用喷枪吹来干的底漆和面漆使表面干燥，而底层的稀料或空气还没有释放完全）。

（6）过量使用腻子和膜厚过高。

（7）腻子质量不良。

3）预防

（1）正确使用平整底漆，在涂层之间留有足够的时间使稀料和空气挥发掉。

（2）充分搅拌含颜料的漆料，按喷漆房的条件选择稀释剂。

（3）只选用适用于本烤房的推荐用的稀释剂。

（4）打磨前彻底清洁工件表面。

（5）腻子厚度为中等偏薄，每层之间留有足够时间释放出稀料和空气。

（6）腻子的使用应限于有缺陷的区域，太厚和太多将最终导致羽状边开裂。

（7）视情况改用高质量钣金件腻子 760R 或 770R。

4）解决方法

除去原漆进行修补。

6. 鱼眼

1）相关现象

鱼眼、蜡眼、硅树脂污染、成碟状的坑、火山口、笑跟、开笑、走珠，如图 5 - 6 所示。

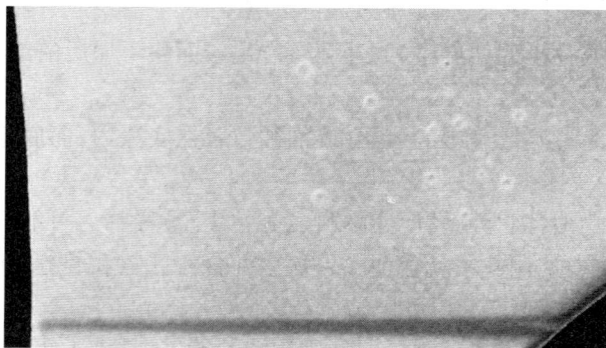

图 5 - 6　鱼　眼

2）说明

在喷漆后出现在漆中的小的火山口状的开口。

3）原因

（1）表面清洁或准备不当（许多上光蜡亮光蜡含有硅树脂，它是造成鱼眼的一般原固。）硅树脂牢固附着于漆面上，即使很少量的硅树脂留在砂纸粉尘上、抹布上或来自附近正在抛光的车上都会造成这种缺陷。

（2）旧漆面的油、蜡或其他异物的污染，可能含有硅树脂，造成新喷的漆被拨开，形成大小火山口缺陷。

（3）空气管线的污染，有水或油。

4）预防

（1）预防措施必须采取，用919S去蜡剂彻底清洁除旧漆面的上光蜡。

（2）加鱼眼防止剂459S，一杯盖对一升。

（3）每日排水并清洁空压机，除去潮气和污物，压缩空气罐也要每日排水。

（4）涂装过程中经常使用清洁剂3920S（慢干）或3812S（快干）。

5）解决办法

待受影响区域的涂层干燥后，喷两道含有推荐数量的鱼眼防止剂的色漆，在严重的情况下，将坏区打磨掉并重新修补。

7. 针孔

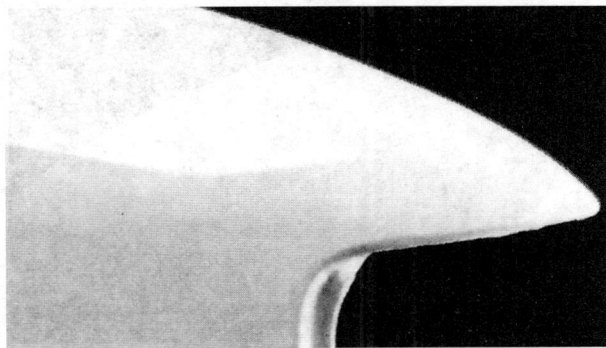

图5-7 针 孔

1）相关现象

针孔、溶剂残留、麻子迹、点痕、刺孔、针眼，如图5-7所示。

2）说明

针孔是在面漆、底漆、或腻子（补土）中出现的细小微孔，或是在干燥过程中表面破裂的小麻点，产生原因是残留的溶剂、空气或水分陷入涂膜内部。

3）原因

（1）不正确的表面清洁和准备（平整底漆表面的气会穿透面漆形成针孔）。

（2）气路污染（气路中的水和油会在喷涂时进入漆层而在干燥时挥发而产生针孔）。

（3）喷枪调整或技术不当（不当的喷枪调整或喷涂技术使涂层过湿，或喷枪距被涂物过近,则夹杂的空气或过量溶剂挥发时会产生针孔)。

(4) 稀释剂不当(使用过于快干的稀释剂,会使喷漆工用枪更贴近工作板以得到足够的流量;当溶剂太慢干,则面漆会将其覆盖在下面)。

(5) 干燥不当(用喷枪吹新喷的漆会将空气吹入漆层,或导致表面干燥过快而产生结皮,这两种情况都会使下面溶剂或空气挥发时造成针孔)。

(6) 喷涂过湿或过厚。

4) 预防

(1) 彻底清洁被涂物,喷底漆或面漆前一定要充分干燥。

(2) 每日排水并清洁空压机,排去分离出的水分和脏物,空压机储气罐也要每天排水。

(3) 使用正确的喷枪调整技术、喷涂技术和空气压力。

(4) 选择适合喷漆室条件的稀释剂,如果天气寒冷或潮湿则应加热喷漆室。

(5) 留有足够的闪干和干燥时间,不要用风扇吹干。

(6) 注意喷涂的厚度,切忌过湿、过厚。

5) 解决办法

打磨不良区域使原漆和修补漆光滑。

8. 砂纸痕

1) 说明

由面漆(色漆层及清漆)溶剂溶胀造成的砂纸痕放大,如图5-8所示。

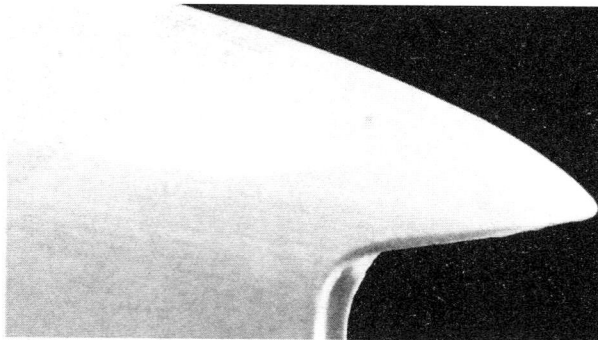

图5-8 砂纸痕

2) 原因

(1) 表面清洁或准备工作不恰当(太粗的砂纸或使用不当底漆,会大大加剧稀料渗透产生的溶胀)。

(2) 稀料不适当(特别是缓干剂、化白水使用不当)。

(3) 平整底漆稀释不足或稀释剂错误(太快干或太慢干)。

(4) 喷色漆前底漆没有干燥。

(5) 底漆喷涂过厚。

3) 预防

(1) 对所用面漆依序使用适当的砂纸号。

（2）视情况用封底漆消除擦痕扩大，选择适合于喷漆房条件的稀料。

（3）选择适合于平整底漆的稀料。

（4）不要将底漆喷涂过厚，而且要确认已全干燥。

（5）使用匹配的涂料系统。

4）解决办法

打磨至平滑表面，喷涂适合的底漆，然后修补。

9. 气泡

1）相关现象

气泡、溶剂泡、凸起，如图5-9所示。

图5-9 气 泡

2）说明

平整底漆表面或面漆中包裹的溶剂干燥过程不当时，会造成漆层中的气泡残留，这种缺陷常会因强制干燥或不平衡加热而加剧。

3）原因

（1）不正确的表面清洁和准备工作。

（2）错误的稀释剂（使用太快干的或不良的稀释剂）。

（3）涂膜过厚（每道之间的干燥时间不够长，底漆喷涂过厚而夹杂溶剂最后溢出，使色漆产生气泡）。

（4）红外线烤灯设备距喷涂面太近。

（5）空气压力太高或太低。

（6）喷涂后与开始烘烤之间的间隔太短。

（7）烘烤温度太高。

4）预防

（1）彻底清洁工作板的待喷区域。

（2）选择适合喷涂室条件的稀料。

（3）底漆和面漆不要喷涂过厚。留有足够的闪干和干燥时间。保持正确的底漆和面漆干燥时间。要让每道平整底漆自然闪干而不要吹风。

5）解决办法

如果损害严重且面积大，则漆层必须磨掉，按气泡的深浅不同直至底漆或裸板，再进行修补。情况不严重的情况下,则可打磨,经表面处理,重喷面漆。

10. 起皱

1) 相关现象

起皱、咬起,如图 5 - 10 所示。

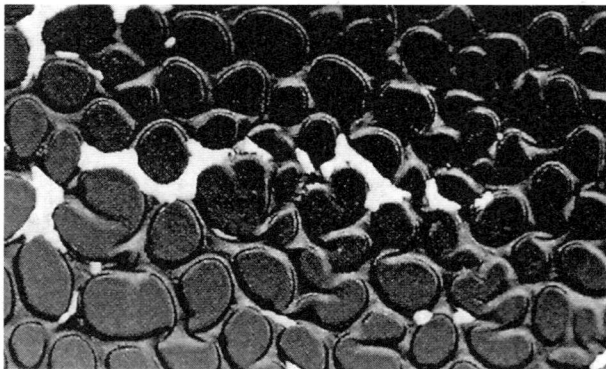

图 5 - 10　起　皱

2) 说明

当新漆喷涂时或喷涂过程中,表面起皱纹或干枯皱缩。

3) 原因

(1) 使用不匹配的漆料(新漆中的溶剂攻击旧漆表面就会产生皱缩或皱起)。

(2) 闪干时间不充分(当漆膜是醇酸风干漆时会发生起皱。特别是曾用醇酸磁漆部分修补过。来自所喷漆层的溶剂引起的溶胀或部分溶解将导致最后表面皱缩)。

(3) 干燥不当[当醇酸风干底漆(底漆及腻子)没有彻底干燥时,风干型面漆会导致皱起]。

(4) 旧漆或前次修补漆的干燥不良(风干漆喷在未干燥的风干醇酸漆上则会产生皱褶)。

(5) 表面清洁或准备不当(三明治现象,用醇酸类底漆喷在原来的风干漆上面,而后又喷一层风干漆则会引起皱缩)。

(6) 稀料错用(醇酸漆中使用风干稀料会增加基底的溶胀和变形,以至皱起,特别是在双色或重喷的情况下)。

(7) 漆层喷涂太厚,而且没有完全干燥。

4) 预防

(1) 避免漆料不匹配。

(2) 面漆不要喷涂过厚,留有足够的闪干和干燥时间。

(3) 选择适合于喷漆房条件以及原漆推荐的稀料。

5) 解决办法

(1) 磨去受影响的面漆并重喷修补漆。

(2) 在特别严重的情况则所有的漆都要除去,进行裸板金属重修补。

11. 水斑

1）相关现象

水斑、水点，如图 5-11 所示。

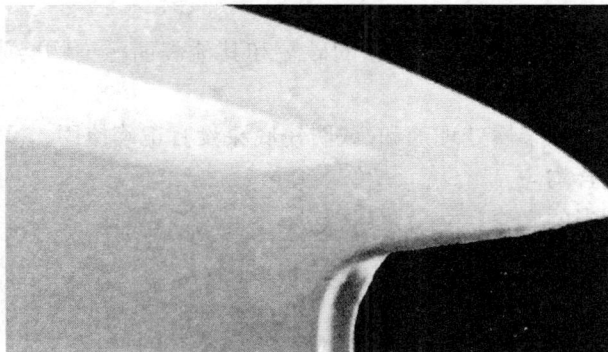

图 5-11　水　斑

2）说明

白色斑状失光或大片斑状失光。

3）原因

（1）在漆层彻底干燥之前，漆表面残留水分。

（2）在强烈阳光下用水冲洗车辆。

4）预防

（1）不要向新喷的湿漆表面喷水，而且使新喷漆的车辆避免雨淋。在将车给客户前留有充分的干燥时间。

（2）在避光处冲洗车辆并彻底擦干。

5）解决方法

用抛光蜡抛光，在严重的情况下打磨除去受损区域并重修补。

12. 剥落

1）相关现象

剥皮、失去附着力、剥壳、黏接差、附着性差、脱漆，如图 5-12 所示。

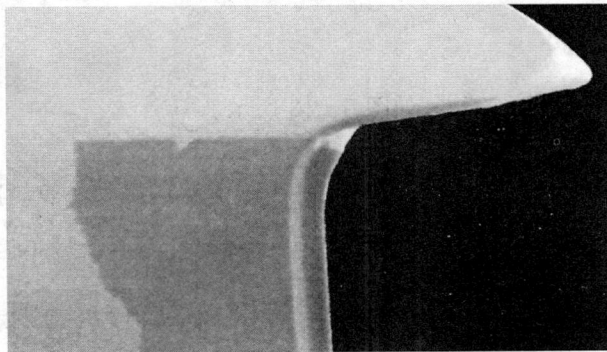

图 5-12　剥　落

2）说明

基底和漆层之间失去附着力（面漆对底漆和/或旧漆，或底漆对金属），这种缺陷也发生在喷涂房揭去胶带时黏纸不良的情形。

3）原因

（1）清洁或准备工作不当（没有除净的砂粒和其他表面污染物会阻碍漆层与基底的附着力）。

（2）金属处理不当。金属处理剂和/或防锈底漆没有正确使用。

（3）漆料没有混合均匀。

（4）没有使用恰当的底漆。

（5）漆膜过厚。

（6）干喷。

（7）揭去保护纸的胶带时漆膜太干燥，或黏纸技术不良。

（8）闪干时间太短。

（9）处理程序错误，使用廉价不良稀料。

（10）打磨不确实。

（11）喷漆时工件表面温度太高或太低。

4）预防

（1）彻底清洁欲喷涂的区域。

（2）使用正确的金属处理剂和/或正确选用底漆。

（3）彻底搅拌所有底漆和面漆。

（4）一般来讲，推荐使用封底漆来提高面漆的附着力。在某些情况下（例如原风干漆上涂有醇酸风干漆时）封底漆必须要用以防止脱漆。

（5）不要喷涂太厚的漆层，而且在每道涂层之间要遵循推荐的闪干时间。

（6）打磨要充分而且确实。

（7）只使用推荐的稀料。

（8）按推荐的黏度喷涂。

5）解决办法

按照比受损区域大一些的面积除去原漆，然后再修补。

13. 橘子皮

1）相关现象

流平不良、粗糙表面、平整不良，如图 5-13 所示。

2）说明

表面不平滑，就像橘子皮一样，产生原因是漆液雾化后融和不良，漆液微粒在流平之前就干燥固定下来。

3）原因

（1）喷枪调整技术和喷涂技术不当（空气压力太大、太小，扇面太宽或距离工作表面太远），使漆液微滴在到达工作表面时变干燥而保持其刚从喷枪嘴出来时的形状。

（2）喷漆房温度太高（当温度太高时，漆液微滴失去太多溶剂，使其在恰当流平之前就

图 5 - 13　橘子皮

干燥固定下来）；

（3）干燥不当（在漆液流平之前用喷枪风干则会产生橘皮）。

（4）每道漆之间的闪干时间不恰当。

（5）稀释剂不当（稀释不足的漆料或者用快干稀料，会使漆液微滴在到达工作表面时变得太干），黏度太高。

（6）稀料太少。

（7）漆料没有混合均匀（许多漆是由相互反应的不同组分形成的，如果这些组分没有恰当混合，就会有橘皮现象产生）。

4）预防

（1）使用正确的喷枪调整技术、喷涂技术和空气压力。

（2）预先安排喷涂程序，避免温度和湿度太高，选择适合于所在喷漆室条件的稀释剂。

（3）留有足够的闪干和干燥时间，不要用风吹干湿的漆面。

（4）使面漆和底漆有足够的干燥时间（不要太长或太短）。

（5）选用适合于喷涂房条件的稀释剂，使面漆充分流动并流平。

（6）用稀释剂调稀到推荐的黏度。

（7）彻底搅拌有颜料的底漆及面漆。

5）解决办法

在严重情况下，用细砂纸如 1500 号或 2000 号砂纸打磨到光滑表面然后依序抛光补漆，使用慢干稀料和恰当的空气压力。

14. 垂流

1）相关现象

流淌、滴下流泪、流挂，如图 5 - 14 所示。

2）说明

喷涂的漆料过厚，没有均匀附着在工作面上造成垂流现象。

3）原因

（1）使用的稀释剂不正确。

（2）稀释剂太多。

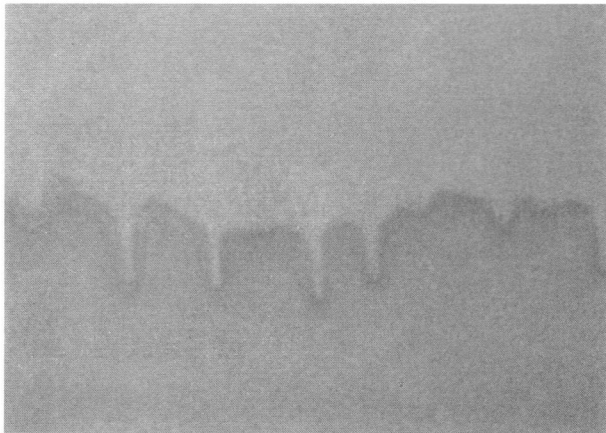

图 5 - 14　垂　流

（3）喷涂室光线不够。

（4）工作表面被油、油脂等污染。

（5）烤房或工件表面温度太低。

（6）空气压力低（致使雾化不充分），持枪太近或走枪速度太慢。

（7）喷涂技术不正确。

（8）漆从枪中滴下来。

4）预防

（1）使车表面温度至少达到室温，然后再修补。保持喷涂室温度。

（2）使用正确的喷枪调整技术、喷涂技术和空气压力。

（3）避免漆层堆积，每道漆之间应留有足够的闪干时间。

（4）选择适当的稀释剂。

（5）阅读并遵守标签说明。选择适合于所在喷漆房温度的稀释剂。

（6）喷漆房要安装足够的照明系统。

5）解决办法

冲洗垂流区域并让其干燥，打磨至平整表面，再抛光或重喷。

15. 颜色不对

1）相关现象

颜色差、颜色不够鲜艳（彩度不够），如图 5 - 15 所示。

2）说明

修补区域的颜色与原车色泽有差距。

3）原因

（1）没有使用推荐的配方。

（2）喷枪调整不当或压力不当。

（3）原车因曝晒而褪色。

（4）喷涂技术错误（特别是金属漆）。

图 5 - 15　颜色不对

（5）颜料没有充分搅拌。

4）预防

（1）使用正确配方。

（2）彻底搅拌涂料。

（3）使用扇形色卡核对原厂漆颜色。

（4）擦光相邻的色卡来检测颜色。

（5）必要的话可按调色指南来与原车色匹配。

（6）运用喷涂技术调整，使颜色匹配。

（7）在试验板上试喷然后再喷车。

5）解决办法

选择正确的颜色或匹配的颜色，通过调色指南修正。

16. 遮蔽力差

1）相关现象

遮蔽性差，透明膜，如图 5 - 16 所示。

图 5 - 16　遮蔽力差

2）说明

可以从上层涂料看到腻子或填料。

3）原因

（1）喷房的光线不足。

（2）颜料没有很好混合或搅拌。

（3）稀料过多。

（4）基底的颜色不对。

（5）用漆量不足。

4）解决办法

使原漆干燥，然后打磨和重喷。

17. 漆尘

1）相关现象

喷漆过量、干漆尘，如图 5 - 17 所示。

图 5 - 17　漆　尘

2）说明

漆面上黏有漆颗粒没有完全吸收到漆层中，从而减低亮度。

3）原因

（1）喷枪压力过大。

（2）遮盖不良。

（3）干的漆尘落在湿的漆层表面。

4）预防

（1）使用正确的稀释剂。

（2）小心遮盖。

（3）喷涂前安排好喷涂顺序，避免在未干的涂层区域干喷。

5）解决办法

经抛光可解决。

18. 干喷

1）说明

涂层表面呈粒状或纤维状，无光泽，这种缺陷一般限于小面积，如图 5 - 18 所示。

2）原因

图 5 - 18　干　喷

（1）黏度不当。

（2）稀释剂不当或使用太低劣廉价产品。

（3）喷涂太快。

（4）空气压力太高。

（5）喷枪在喷涂时距工件表面太远。

（6）稀释剂稀释不当。

（7）喷枪调整不良。

3）预防

（1）只用推荐的稀释剂。

（2）调整喷枪，喷涂形状。

（3）使用推荐的空气压力。

4）解决办法

先使漆面干燥，然后打磨，打磨后再视主要毛病区域的情况作重喷或抛光处理。

19. 腐蚀、侵蚀

1）说明

金属表面有可见的斑点（钢板泛红锈，铝板泛白色氧化膜），如图 5 - 19 所示。

图 5 - 19　腐蚀、侵蚀

2）原因

（1）喷涂前的金属表面被手印、水分污染。

（2）漆层剥落或划伤等。

（3）金属表面预处理不充分。

（4）修补前锈迹没有清除干净。

（5）因污染而使漆膜毁坏。

3）预防

（1）用正确的金属处理法处理并施以防锈底漆。

（2）要在生锈之前修复所有的剥片和刮痕。

（3）喷漆施工前彻底清洁汽车。

（4）打磨后留在表面的水分应当擦去。

4）解决办法

打磨或剥去漆层至裸露的金属。然后用金属处理剂和磷酸，防锈底漆（刻蚀底漆），最后重喷。

20. 脏点

1）相关现象

脏点、颗粒、污迹、砂粒、金属（银粉）尖，如图 5-20 所示。

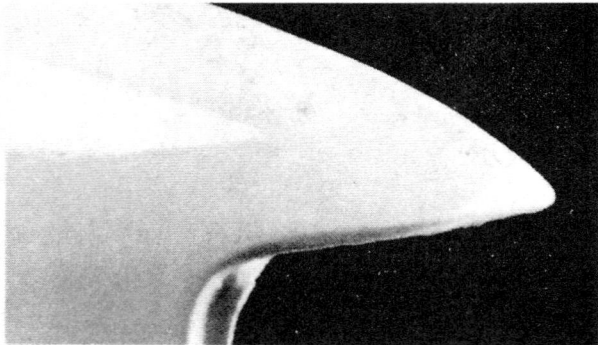

图 5-20　脏　点

2）说明

在底漆或色漆表面上沉积的不同大小的可见颗粒。

3）原因

（1）汽车表面的静电，促使表面吸引灰尘。

（2）从干砂纸和布上带来的灰尘和脏物。

（3）劣质遮蔽纸。

（4）黏尘布没有在喷漆前使用。

（5）空气过滤不好。

（6）喷涂时干漆尘落在湿漆上面。

（7）漆存放在脏的容器或罐内。

（8）漆没有过滤。

（9）操作者的服装带有脏物、纤维和灰尘。

（10）油漆存放超出了规定时间，产生沉淀。

（11）压缩空气过滤不够充分。

（12）所用固化剂或稀料不正确。

（13）汽车没有彻底吹干净。

（14）色母漆罐或颜料没有充分搅拌。

（15）喷涂漆尘聚集在喷漆房地面和墙壁。

（16）使用或再稀释超过使用期的 2K 漆料。

4）预防

（1）使用防静电流体或将汽车接地。

（2）尽量保持喷漆房干净，房门关闭。

（3）穿着专业的喷漆服。

（4）吹净一切模件和接缝。

（5）在将汽车开进喷房之前吹干净汽车。

（6）每层漆喷涂前要立即用黏尘布。

（7）细心保养仪器设备。

（8）遵守说明书的使用方法（压力、稀料等），避免过度喷涂。

（9）喷涂开始前要彻底清洁汽车。

（10）漆罐彻底搅拌后与颜料彻底混合。

（11）2K 漆料不要超过推荐的使用期。

（12）使用高质量的滤网。

5）解决办法

（1）让原漆完全硬化，然后精细打磨和抛光。

（2）如果缺陷严重则需打磨并重喷。

21. 银粉泛色

1）说明

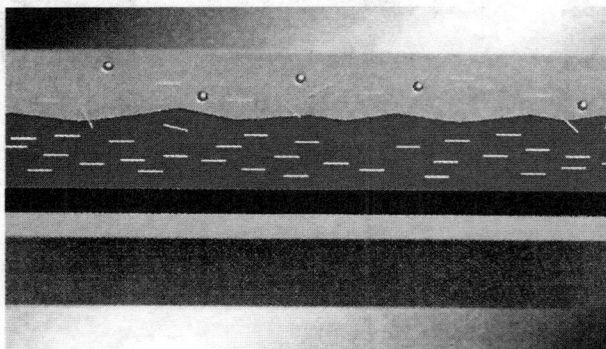

图 5－21　银粉泛色

笔 记

金属色漆(银粉色漆及珍珠色漆)表面的金属颗粒出现于清漆层中严重的话,会引起变色。

2) 原因

(1) 喷清漆前没有使用粘尘布。

(2) 色漆和清漆不匹配。

(3) 色漆没有足够闪干就喷涂清漆或清漆喷涂过湿。

(4) 气压太高。

(5) 稀释剂用错。

(6) 色漆过于干喷。

3) 预防

(1) 尽可能使用黏尘布。

(2) 只使用推荐的产品和推荐的空气压力。

(3) 喷清漆前要使色底充分挥发。

(4) 按照厂家要求的施工程序和技术施工。

(5) 使用推荐的稀释剂。

4) 解决办法

如果缺陷严重,有必要打磨和重喷。

22. 慢干

1) 说明

漆层很久不干,如图 5 - 22 所示。

图 5 - 22   慢   干

2) 原因

(1) 硬化剂用量不当(太少或太多)。

(2) 喷涂过厚。

(3) 稀释剂太慢干或使用太低劣廉价产品。

(4) 干燥条件不好,空气太潮湿,不通风。

(5) 涂层之间干燥时间不够。

3) 预防

（1）使用推荐的稀释剂。

（2）按推荐的膜厚喷涂。

（3）留有足够的挥发时间。

（4）改进喷涂和干燥条件。

4）解决办法

（1）将汽车置于通风及温暖的环境。

（2）加热以加速干燥过程。

23. 鸟类侵蚀

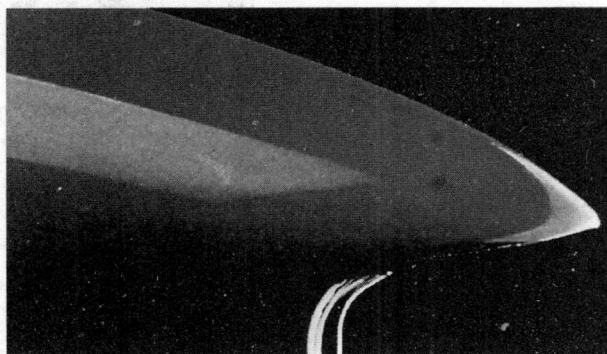

图 5 - 23　鸟类侵蚀

1）相关现象

斑点、昆虫迹、酸迹，如图 5 - 23 所示。

2）说明

面漆中的刻蚀痕迹，漆层的颜料褪色（斑点，失色）及凹痕。

3）原因

来自农业和园艺喷洒物的污染，一般是季节性、区域性的，由鸟类和昆虫污染造成。缓慢刻蚀会因高温而加速，如阳光。时间和温度会增加酸的集中，这种损坏会更易见于黑色或深黑色漆层，因为黑色吸热。

4）预防

（1）经常冲洗是防护不可见污染的最好办法。

（2）使用不含硅的抛光剂或蜡来维护和保护汽车面漆。

5）解决办法

仔细地用菜瓜布沾洗涤剂和用大量水冲洗汽车。用研磨膏和抛光剂研磨损伤了的区域。在损坏严重的情况下，打磨必要的区域并确认腐蚀斑点完全磨掉，然后再喷底漆和上层漆。

24. 塑料件脱漆

1）相关现象

剥皮、失去黏接性、附着不良、剥落、失去柔韧性，如图 5 - 24 所示。

2）说明

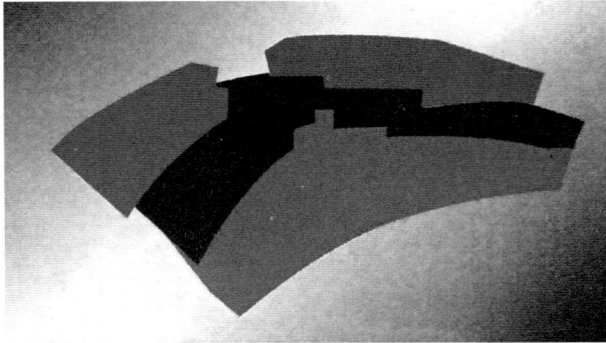

图 5 - 24　塑料件脱漆

漆层和聚合物（塑料）部件间失去附着性。该缺陷常发生在喷漆一段时间之后。

3）原因

（1）清洁和准备不恰当，没有除去脱膜剂。

（2）处理不适当。

（3）底材识别错误。

（4）没有使用正确的封底漆和底漆。

（5）没有使用正确或推荐的面漆系统。

4）预防

（1）确认聚合物（塑料）底材的类型，并使用相应的底和面漆系列。

（2）用推荐使用的系列产品彻底清洁被喷底材。

（3）对该种材料使用正确和推荐的处理方法。

（4）使用推荐的封底漆和底漆，使用推荐的固化剂、柔软填料和稀料.按恰当比例混合。

（5）喷涂推荐黏度及膜厚的底漆。

（6）使用相应底材推荐使用的面漆和清漆。

5）解决办法

底材上去除所有的原漆，使用推荐的程序和针对相应底材的涂料再喷。

25.起雾

1）说明

风干漆（如单组分丙烯酸及硝基喷漆）施工中或施工后，在漆表面上立即出现乳白色或雾状现象，如图 5 - 25 所示。

2）原因

（1）一般原因：是因水气凝结于末干漆面上而使涂料中的着色剂沉淀所致。快速蒸发的稀释剂、高压空气、喷漆房的气流以及下雨或潮湿的气候等，均足以造成此种状况。稀释剂快速地蒸发，会过度降低漆膜表面温度。此时温度下降，会引起漆膜表面凝结水分。

（2）使用错误稀释剂（最常发生）：使用快速蒸发的稀释剂，会使厚漆膜过快冷却，以致发生水气凝结现象。

（3）喷枪调整或稀释剂不当：空气压力过高，亦会对潮湿油漆表面产生冷却效应，故使

图 5 - 25　起　雾

水分凝结的情况增大。

（4）温度不适：通常会于温度过高时出现，因较暖的空气中，含有较多的湿气，故干喷漆施工时，易于在新漆的表面上凝结。

（5）干燥不当：利用喷枪，对潮湿的漆膜进行空气喷扫，将会增加其稀释剂的蒸发速度，导致水分凝结于漆膜表面。

3）预防

（1）涂装场所湿度超过 80％时，应密闭喷漆室，待升温干燥后再操作。

（2）注意使用适当的稀释剂。

4）解决办法

添加 3979S 缓干剂于稀释剂中，或改用慢干型稀料单；新喷漆，最好能将涂膜重新强制干燥（60℃，45min），再视情况抛光或重喷。

26. 烤漆起皱

1）说明

起皱是漆喷涂时，漆层表面上发生变型或皱纹的现象，或在干燥过程发生这种现象，如图 5 - 26 所示。

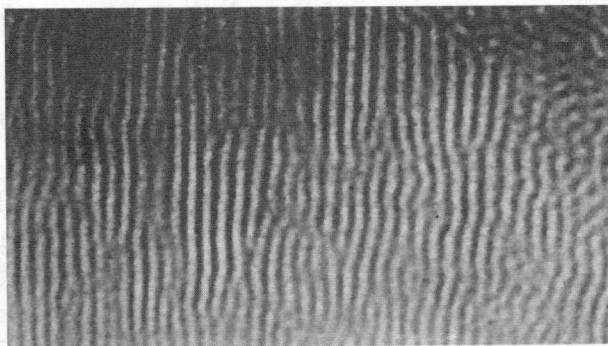

图 5 - 26　烤漆起皱

2）原因

（1）一般原因：这种状况，是因干燥不均匀产生的结果，就一般而论，烤漆的外表面，因与空气中的氧接触,或在某种情况下,与暖空气流接触,故凝固较快。当凝固作用过于快速时,潮湿的内层即发生变形现象。

（2）连续喷涂过厚过湿:当烤漆喷涂过厚时,其底部潮湿层中之溶剂之蒸发率及其凝固率,不能与表面之蒸发率及凝固率相适应,以致发生变形及起皱现象。

（3）温度不适:暖空气流会使烤漆之表面于其底层释出其溶剂前,先行凝固及起皱,致产生局部不规则形状。

（4）干燥不当:使用喷枪进行强制性干燥,将会使漆层表面较其潮湿的底层加速凝固,除上述原因之外,烘烤或强制性干燥,亦会使漆层表面先行干燥。

3）补救办法

打磨起皱褶的烤漆表面,并重行喷漆。

27. 粉状脱落

1）相关现象

粉化、严重失光,如图5-27所示。

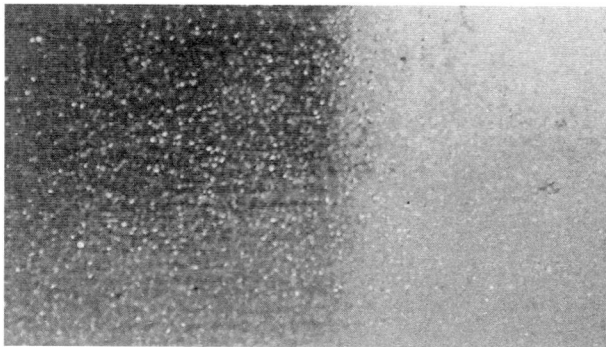

图5-27　粉状脱落

2）说明

粉状脱落系漆膜饱受气候变化所产生,其特点为涂膜表面之颜料粒子脱落或松动,在大多数情况下,出现一种暗色及粉状膜层状况,如图5-27所示。

3）原因

（1）一般原因:当日光破坏了漆膜之基本着色剂,即会发生粉状脱落故障,而使颜料粒子松动脱落。

（2）曝露于有害物中(最常发生):漆膜长期曝露于日光中,将会使其色漆层发生粉状脱落;在某种情况下,在工业区附近,因其大气环境不良,来自工业区污染物或化学物对油漆表面侵蚀,使漆膜抗力减弱,也会使其产生粉状脱落现象。

（3）材料搅拌不均匀:某些重要的涂料着色成分,由于搅拌不均匀,或因予以省略,会不能完全发挥其助长作用,以致发生粉状脱落现象。

（4）稀释比率不当或不良稀释剂:使用不合规定的稀释剂或使用过量的稀释剂,均会使漆膜中残留着有害的溶剂,当其曝露于日光中时,此种有害的溶剂,会加速漆料的分解而产生毛病。

（5）添加剂使用不当：未按规定使用色漆层用的添加剂，对于最终漆膜也具有损害其抵抗力的作用，致使其对日光的有害影响，更为敏感。

4）补救办法

发生此种情况时，应将油漆表面上颜料的"褪色"部分及鳞片部分，予以磨除并磨平再重新喷涂。

28. 细裂纹

1）说明

细裂纹为色漆层中的细密（为 1.6～6.4mm）或小型裂纹，如图 5-28 所示。

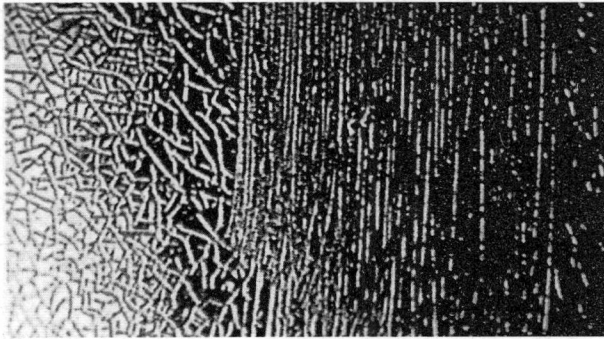

图 5-28　细裂纹

2）原因

（1）一般原因：此种现象，对高品质的现代面漆经妥善喷涂，并不会出现问题，细裂纹为品质不良的漆膜，经长期日晒之后扩大所产生。

（2）曝露于有害物中（最常发生）：涂膜表面长期曝露于日光中，会产生细裂纹。某种情况下，在邻近工业区附近，因其大气环境不良，来自工业污染物或化学物对涂膜表面侵蚀，致使漆膜抗力减弱，也会产生细裂纹现象。

（3）漆料搅拌不均匀：某些重要的油漆辅助成分被遗漏掉或搅拌不均匀，致不能全部发挥助长作用，使漆膜张力减弱，因而发生细裂纹。

（4）硬化剂使用不当：色漆使用非指定的硬化剂，因而降低漆膜的作用，使其对于日光的有害影响，更为敏感。

（5）旧漆或以前修补的影响：已经老化处，旧漆或修补处，对新涂的色漆层，有全面的抗力减弱作用，因而影响漆膜的性能。

（6）漆膜过厚：由于色漆层喷涂过厚，以至于超过正常漆膜的张力而造成细裂纹现象。

3）补救办法

如经轻微的打磨粗蜡或抛光仍不能使其恢复适当的色泽及平滑，则直将受影响之表面用砂磨打平，然后再重行喷漆，在情况极为严重之处，受影响之表面应将其打磨至底漆处。

附录　色母性能表

	编　号	名　称	正　光	侧　光	备　注
白	P425—900	白	正面浊	全侧面浅	分散性色母,通常少量使用
	P420—902	通白	正面浊	全侧面浅	100 份 902＝9 份 900
	P420—938	控色剂	正面浊	半侧面浅粗	分散色母,最大用量是 30%,不用于调素色漆
黑	P420—933	蓝黑	正面浊,要使正面浊	侧面比 948 浅,要使侧面深,950＞948＞933,主要的特性是侧面浅	蓝调黑,比 948 黑,948 更多用于调配素色
	P425—948	黑	正面浊黄	比 933 侧面深	比 933 更黄更黑,是配方中调配素色、银粉/珍珠色的主色母
	P429—967	深纵黑	正面黄	侧面比 950 黑	在银粉/珍珠漆中侧面更黑更暗
	P425—950	高浓度深黑	正面浊黄	比 948 侧面深,只用于调配非常深的侧面时使用	比 948 黑度高,如有必要,可用于调素色漆
	P420—904	通黑	/	/	100 份 904＝4.5 份 948,948 和 950 更多用于调配素色
绿	P425—954	蓝绿	正面蓝	侧面深、蓝调	标准蓝绿色
	P420—975	青铜	正面金绿	侧面金绿	/

续 表

	编 号	名 称	正 光	侧 光	备 注
蓝	P420—920	紫	正面紫	侧面紫,侧面比930稍黄	比930红,要使蓝银侧面更黄、更灰,混合使用920和922
	P420—930	发红蓝	正面红、灰,比920绿	侧面红,比920鲜亮,侧面比957深	比957更红、更灰
	P420—974	靛蓝	正面绿,要使正面绿974>957>922	侧面红,要使侧面红,974>957>922	只用于调配双色调银粉,不用于素色漆
	P429—952	坚蓝	正面亮绿	侧面亮绿	比957干净但不如957常用
	P425—957	坚蓝(高浓)	正面鲜绿色	侧面比922红	调绿调蓝的主色母
	P425—922	湖蓝	正面红调,要使正面红922>957>974	绿调侧面,要使侧面绿922>957>974	只用于调配双色调的银粉,不用于素色漆,如果用量超过50%,光泽低和流平差
	P420—910	深蓝	/	/	100份910=6份957
黄	P420—905	泥黄	正面浊	侧面泥黄,比937侧面更灰,更红	红调黄,分散色母
	P429—937	淡黄	正面浊	侧面浅、黄	绿调黄,分散色母,通常少量使用
	P420—982	铁黄	比983正面稍灰、绿	侧面稍灰,比983更深、更浊	带浊红色调的黄色母
	P420—983	深黄	正面干净的金红色	侧面比982更鲜艳、更绿、更浅	在素色漆中少量使用
	P925—927	光黄	正面灰	侧面浅黄	含铅柠檬黄,937更常用
	P925—928	阳黄	正面灰	侧面浅、黄	含铅中黄,比927红,937更常用
	P420—903	中淡黄	正面浊黄	侧面浅黄	为分散色母
	P429—972	琥珀黄	正面比983清澈	侧面比983更清澈	比983清澈

笔 记

	编 号	名 称	正 光	侧 光	备 注
红	P420－907	铁锈色	正面灰	侧面浊、橙色，要使侧面变浊 907＞925	分散色母，通常少量使用
	P420－908	赤褐	／	／	100 份 908＝11 份 907
	P425－925	橙黄	正面灰	浅而鲜艳的橙色，比907 侧面鲜艳	分散色母，通常用量很少，含铅猩红色
	P420－926	超级红	稍蓝调，比907 正面鲜艳	侧面稍黄	鲜艳而浅，由于遮盖力低，不能大量使用
	P420－920	紫色	干净的紫色调	侧面浊黄，比 930 黄	要在蓝色金属漆中呈浊黄侧面要使用 920 和 922
	P425－921	通红	鲜蓝调	鲜蓝调	比 923 浅、蓝，要得到鲜红的素色效果，可与 941 或 925 混合
	P429－961	洋红	干净的蓝色调	比 921 暗	正面黄，干净，更亮侧面暗
	P429－976	紫红	蓝调，比 921 正面灰	蓝调	比 921 深，要得到鲜红的素色效果，可与 941 或 925 合用
	P420－960	酒红	干净的蓝色调	干净的蓝色调	100 份 960＝3 份 976
	P420－978	啡色	稍带蓝调	深棕侧面，比 977 更黄	比 977 浊，不用于素色漆
	P429－923	光褐红	艳蓝调	带黄调的鲜褐色，用来提供比 977 更深的侧面	特性同 977，但更透明，更黄
	P425－971	光红	带黄色调的红，干净	带黄色调的红，干净	比 923 干净、更黄
	P420－977	红褐	／	／	只用于调色清漆中
	P425－941	深红	／	侧面干净	不常用于银粉漆，鲜红，广泛用于素色漆
	P429－980	红艳	／	／	不用于银粉漆
	P420－942	铁红	金棕色，比923 更金棕，比 978 更黄	金棕，比 907 更深比923 更金棕比 978 浅	透明、鲜艳

特殊效果色母

编 号	名 称	正 光	侧 光	备 注
P426－HE01	霜雪蓝	正面黄相	侧面蓝相	分散性色母，用显微镜都无法看到，使用量不应超过 50％。比 PP09 更灰
P426－HE03	石墨片	稍鲜艳，带蓝调	浅浊侧面	通常在配方中用量较大，高遮盖力色母，颗粒度很小
P426－HE04	闪烁金	正面金黄比983 正面浅	侧面深，侧面比983 深	为带色的铝粉
P426－HE05	闪烁橙	亮橙色	侧面比 HE04 黑、红	外裹氧化铁的铝片

笔记

白 珍 珠

编 号	名 称	正 光	侧 光	备 注
P426－PP60	超微白珍珠	正面白，比 PP06 正面灰	侧面白，比 PP06 浅	最细的白珍珠
P426－PP06	细珍珠白	正面白，比 PP05 正面灰	侧面白，比 PP05 浅	比 PP60 粗
P426－PP05	珍珠白	正面白	侧面白	比 PP06 粗

干 涉 珍 珠

编 号	名 称	正 光	侧 光	备 注
P426－PP07	蓝珍珠	正面蓝	侧面黄	比 PP63 浅
P426－PP63	超细蓝珍珠	正面蓝比 PP07 正面灰	黄，比 PP07 浅	比 PP07 细
P426－PP61	超细红珍珠	正面红	侧面绿	与 PP65 效果相反
P426－PP64	中粒紫珍珠	淡紫色	侧面绿	／
P426－PP65	中粒绿珍珠	正面绿	侧面红	与 PP61 效果相反
P426－PP68	珍珠橙	正面红	侧面绿	／
P426－PP09	中粒金珍珠	正面金黄	侧面蓝	同 HE01 效果相似在高倍显微镜下可以看到。而 HE01 则不能被看到

带 色 珍 珠

编 号	名 称	正 光	侧 光	备 注
P426－PP08	珍珠红	正面红	侧面红	比 PP62 粗
P426－PP62	超细赤珍珠	正面红，比 PP08 灰	侧面红	比 PP08 浅
P426－PP10	中粒棕珍珠	正面红铜色	侧面红铜色	比 PP08 和 PP62 色调偏黄

银 粉

编 号	名 称	正 光	侧 光	备 注
P425－985	细银	细粒，比 986 深	比 986 浅	最细的银粉
P425－986	中银	比 987 深	比 985 深，比 987 浅	比 985 粗
P425－987	中粗银	比 988 深	比 988 浅	中粗度，比 986 粗
P425－988	粗银	比 989 深	比 989 浅	比 987 粗
P425－989	特粗银	高闪银	侧面深	比 988 粗
P425－984	中闪银	比 988 正面浅	比 988 侧面深	抛光银
P425－992	特闪粗银	比 989 和 984 浅	比 989 和 984 深	比 989 细，比 984 颗粒粗的抛光银
P425－998	粗闪银	与 992 相似，稍清澈	比 992 和 989 深	抛光银，亮、粗，有很好的深度

笔记

银粉色母特性

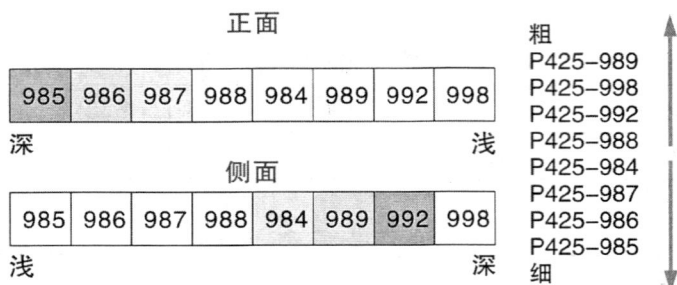

正面

| 985 | 986 | 987 | 988 | 984 | 989 | 992 | 998 |

深   浅

侧面

| 985 | 986 | 987 | 988 | 984 | 989 | 992 | 998 |

浅   深

粗
P425-989
P425-998
P425-992
P425-988
P425-984
P425-987
P425-986
P425-985
细

Xirallic™水晶珍珠

编　号	名　称	正　面	侧　面	备　注
P433－XR10	水晶银珍珠	正面清澈、白	稍带红色调	与 PP06 相似,在强光下特别闪烁
P433－XR11	香槟金珍珠	表面黄/金色	蓝色调	与 PP09 相似,在强光下特别闪烁
P433－XR12	闪光红珍珠	清澈红色调（比 PP08 黄）	红色调(比 PP08 深)	与 PP08 相似,但正面更清澈、侧面更深在强光下特别闪烁
P433－XR13	银彩蓝珍珠	清澈、蓝色调	黄色调	与 PP07 相似,在强光下特别闪烁
P433－XR14	星河绿珍珠	正面绿	侧面绿	与 PP655 相似,在强光下特别闪烁
P433－XR15	日光红珍珠	正面红	侧面红	与 PP61 相似,在强光下特别闪烁
P433－XR16	火焰铜珍珠	正面红铜	侧面红铜	与 PP10 相似,在强光下特别闪烁

参考文献

[1] 彭义军. 汽车涂装技术[M]. 北京：电子工业出版社, 2005.

[2] 程玉光. 汽车涂装技术[M]. 北京：人民交通出版社, 2005.

[3] 尹根雄、彭常青. 汽车油漆调色技术教程[M]. 北京：机械工业出版社, 2011.

[4] 吕江颜. 汽车涂装[M]. 北京：化学工业出版社, 2010.

[5] 宋孟辉、郭大民. 汽车涂层修复与保养[M]. 北京：机械工业出版社, 2010.

[6] 陈纪民. 汽车涂装技术[M]. 北京：人民交通出版社, 2009.

[7] 李运军. 汽车涂装技术[M]. 北京：北京理工大学出版社, 2008.

[8] AUTOCOLOR 专业汽车漆颜色培训手册.

[9] 德国萨塔喷枪及设备培训教材(2010 第五版).

全国职业教育汽车类专业高技能人才培养论坛介绍

一、论坛介绍

全国职业教育汽车类专业高技能人才培养论坛是由中国高等职业教育汽车类专业教学委员会组织,并定期举办的汽车专业职业教育论坛。论坛旨在搭建职业教育汽车类专业交流平台,促进教学研究活动的开展,提高教育教学质量,推动我国汽车类专业高技能人才培养模式改革和发展。

二、举行时间和地点

论坛年会将于每年8月份举行。每年更换年会地点。

三、论坛参与人员

政府相关主管部门领导;职业院校汽车类专业院长、系主任、教研室主任、学科带头人、骨干教师;职业教育专家;汽车相关企业专家及负责人。

四、主要议题

1. 教学交流:专业建设、培养方案、课程设置、教学改革、教学经验等。

2. 科研交流:科研立项、教改研究、教学资源库建设、立体化教材编写等。

3. 人才交流:高技能师资引进和储备、高技能人才就业与创业等。

4. 信息、资源交流:招生与就业信息、校际合作机制等。

5. 校企合作和国际交流:产学研合作机制、学生国外游学项目、教师海外进修等。

五、论文与出版物

被论坛年会录用的论文将正式出版,经专家评审后的部分优秀论文将推荐在核心期刊上发表。

六、秘书处联系方式

通讯地址:上海市番禺路951号505室　　邮编:200030　　传真:(021)64073126

联系人:张书君　电话:021-61675263

　　　　刘雪萍　电话:021-61675235

E-mail:qicheluntan@foxmail.com

七、论坛相关资料索取

请您认真填写以下表格的内容,并通过电子邮件、传真、信件等方式反馈给我们,我们将会定期向您寄送邀请函、出版物等相关资料。

资 料 索 取 表

姓　　名		性别		职务/职称	
院　　系					
通信地址				邮编	
联系电话			传　真		
E-mail			手机号码		
院长/系主任姓名					